中小企業の SDGs

求められる変化と取組みの実例

野村佐智代／日本中小企業・ベンチャー ビジネスコンソーシアム［編］

中央経済社

はじめに

　本書は，日本中小企業・ベンチャー ビジネスコンソーシアム会員によって執筆されました。本学会の設立趣旨の冒頭には，中小企業が極めて厳しい状況下にあることが指摘されていますが，本書が執筆されたのは，世界中を震撼させている感染症拡大の最中であり，中小企業にとっては，20年前の学会設立時より一層困難な状況下にあるとも言えます。

　一方で，企業経営を取り巻く環境はここ数年で激化し，これまで利益の追求に終始していた大企業も，企業の存在意義を問い直し，ステークホルダーに配慮した社会課題解決を求める「パーパス経営」を謳うようになってきました。こうした意識変革を促す背景の１つに，国連が掲げる17の目標を携えたSDGs（Sustainable Development Goals：持続可能な開発目標）の浸透があると考えられます。SDGsは国家だけでなく，地域や企業，学校といった組織等，様々な単位でその推進が図られています。それは，個人もしかりで，SDGsは「他人ごと」ではなく，「自分ごと」として捉えるといった考えもあり，メディア等を通じ，益々身近なものとなってきました。しかし，感染症や災害，経済の低迷といった不安定な環境下で，本業以外のことを行う余裕が今の中小企業にはなく，SDGsどころではないといった声も聞こえてきます。そうした声を学会で取り上げ，中小企業がSDGsに取り組むのはなぜか，どう取り組むべきか，といった議論を重ねた中で本書は生まれました。

　本書は，第１部として「SDGsの取組みが求められる背景」を論じています。先ほど述べたとおり，SDGsの概念が社会に広まる中で，なぜ，中小企業がSDGsに取り組む必要があるのかについて，３つの視点から考察しています。まず，SDGsの成り立ちやSDGsが求めるものは何かといった視点から捉え，次に，今日の中小企業を取り巻く環境や地域における役割の視点から論じています。そして最後に，変化する企業価値を視座として，中小企業とSDGsの関係性について検討しています。第２部では，SDGsに先駆的に取り組む企業の事例を紹介しています。事例では，小売業，金融，IT，サービス業等，様々な業種を取り上げています。最後の第３部では，実際にSDGsを自社で推進して

いる実務家の視点，また，中小企業経営を専門的に研究してきた研究者の視点でSDGsを論じています。

　本書は，SDGsネイティブと言われる社会課題の解決に関心のある学生の皆さん，研究者の方々はもとより，SDGsにどう取り組めばよいのかと悩まれている企業の皆様を対象に執筆されています。SDGsの取組みに正解はありません。しかし，SDGsに興味を持たれている方や，活動の最前線におられる方々にとって，本書がその学びや行動の足掛かりになればと思っています。

　学会の設立趣旨に今一度立ち返りますと，「自立的で革新的な中小企業の活躍とベンチャービジネスの勃興こそが，地域の経済の発展と個々人の富の拡大をもたらす」とあり，それを支援し，学術研究を促進することが宣言されています。この趣旨は発足時より揺らぐことはありません。また，本書が，その一助になることを執筆者一同願っています。

　本書の執筆にあたり，株式会社中央経済社ホールディングスの山本時男代表取締役最高顧問ならびに山本継代表取締役会長，そして編集担当の市田由紀子氏には大変にお世話になりました。

　また，報告，研鑽の場を与えて下さった日本中小企業・ベンチャー ビジネス コンソーシアムの会員の皆様にも感謝申し上げます。

　2022年5月

執筆者を代表して

野村　佐智代

CONTENTS

第2部　中小企業のSDGs－事例紹介

第3部　中小企業のSDGsと金融・人材育成・環境・DX

第 1 部

SDGsの取組みが求められる背景

第 **1** 章

なぜ中小企業がSDGsを
取り上げるのか

1　SDGsとはなにか

（1）相互に関連しあうSDGsの17の目標

　2015年にすべての国連加盟国によって採択された「持続可能な開発のための2030アジェンダ」では，17の目標と169のターゲットからなるSDGs（Sustainable Development Goals）が構成されている。今では，この17の目標はアイコンとしてバッジやポスターなどに姿を変え，様々な場で啓蒙活動に用いられている。17のアイコンは，誰にでもすぐに理解できるように目標の文言も簡素化されて表示されている（図表1-1）。

　図表1-2は，17の目標の原型である。パン・ギムン元国連事務総長は，この17の目標について「このアジェンダは，貧しい国，豊かな国，中所得国を含め，あらゆる国々の行動を求める，独創性に富むものです。また，貧困に終止符を打つためには，経済成長を実現し，教育や保健，社会保障，雇用機会を含

2

図表1-1　SDGsの17のアイコン

出所）国連グローバル・コミュニケーション局「ロゴ使用のためのガイドライン（日本語訳）」2019年8月。
https://www.unic.or.jp/files/SDG_Guidelines_AUG_2019_Final_ja.pdf（2022年1月5日アクセ
ス）。

む幅広い社会的ニーズに対応する一方で，気候変動や環境保護にも取り組む計画が必要だという認識を示しています。さらに，不平等やインフラ，エネルギー，消費，生物多様性，海洋，産業化といった問題も取り扱っています」と述べている[1]。この発言から，達成すべき17の目標が相互に関連しあっていることが理解できる。

　国際的な諸問題に取り組む姿勢として，「Think Globally, Act Locally」という言葉がしばしば引用される。たとえば，環境問題のように国境を越えて起きており原因も複雑化している問題に対しては，「地球規模で考え，足元（地域）から行動せよ」というメッセージである。SDGsに掲げられている17の目標は，地球規模で起きている解決すべき諸問題であることを提示しているが，それと共に，解決のためには，それぞれの国・地域が足元から行動すべき時に来ていることを訴えていると言えよう。

（2）SDGs採択の経緯と企業

　ここでは，SDGsが国連で採択されるに至った経緯を考察することにより，企業がなぜSDGsに取り組む必要があるのかについて考える。SDGsは，単発で国連から出されたアジェンダではなく，2つの段階を踏んで採択されるに至っ

目標1	あらゆる場所で，あらゆる形態の貧困に終止符を打つ
目標2	飢餓に終止符を打ち，食料の安定確保と栄養状態の改善を達成するとともに，持続可能な農業を推進する
目標3	あらゆる年齢のすべての人々の健康的な生活を確保し，福祉を推進する
目標4	すべての人々に包摂的かつ公平で質の高い教育を提供し，生涯学習の機会を促進する
目標5	ジェンダーの平等を達成し，すべての女性と女児のエンパワーメントを図る
目標6	すべての人々に水と衛生へのアクセスと持続可能な管理を確保する
目標7	すべての人々に手ごろで信頼でき，持続可能かつ近代的なエネルギーへのアクセスを確保する
目標8	すべての人々のための持続的，包摂的かつ持続可能な経済成長，生産的な完全雇用およびディーセント・ワーク[注]を推進する
目標9	レジリエントなインフラを整備し，包摂的で持続可能な産業化を推進するとともに，イノベーションの拡大を図る
目標10	国内および国家間の不平等を是正する
目標11	都市と人間の居住地を包摂的，安全，レジリエントかつ持続可能にする
目標12	持続可能な消費と生産のパターンを確保する
目標13	気候変動とその影響に立ち向かうため，緊急対策を取る
目標14	海洋と海洋資源を持続可能な開発に向けて保全し，持続可能な形で利用する
目標15	陸上生態系の保護，回復および持続可能な利用の推進，森林の持続可能な管理，砂漠化への対処，土地劣化の阻止および逆転，ならびに生物多様性損失の阻止を図る
目標16	持続可能な開発に向けて平和で包摂的な社会を推進し，すべての人々に司法へのアクセスを提供するとともに，あらゆるレベルにおいて効果的で責任ある包摂的な制度を構築する
目標17	持続可能な開発に向けて実施手段を強化し，グローバル・パートナーシップを活性化する

注）ディーセント・ワークとは一般に「働きがいのある人間らしい仕事」と訳される。
出所）国際連合広報センターホームページ，「持続可能な開発目標（SDGs）報告2021」
https://www.unic.or.jp/activities/economic_social_development/sustainable_development/
2030agenda/sdgs_report/（2022年1月10日アクセス）。

ている（図表1-3）[2]。

　1つめは，1992年に開催された地球サミットの流れである。世界中の政府，経済界の代表等がブラジルのリオデジャネイロに集結し，今後どのように地球を保全していくかをテーマに会議が行われ，持続可能な開発（Sustainable Development）を進め持続可能な社会を構築していくことが提案された。その

後も進捗状況を確認し改善を図る会合が開催されている。10年後の2002年には，「Rio＋10」（リオプラステン）が開催され，環境問題に加え，南北問題や貧困も解決すべき課題となった。さらに10年後の2012年には「Rio＋20」（リオプラストゥエンティ）が開催され，環境問題だけでなく貧困根絶が強調されるようになった。またその解決策には「グリーン経済」の推進が強調された。このように，持続可能（Sustainable）な地球を維持していくには，貧困問題も合わせて解決していくべきであり，そのためには経済の力を活かした対応が必要であるという認識に至っている。世界的な「グリーン経済」推進の意向は，当然，企業にも責任があることを示している。

図表1-3 SDGsが採択発令されるまでの系譜

1992年	国連開発環境会議（通称地球サミット）
2001年	MDGsが国連で採択される
2002年	Rio+10
2012年	Rio+20
2015年	SDGsが国連で採択される/MDGs 達成年度
2016年	SDGs着手の年
2030年	SDGs達成年度

出所）国連広報センターホームページの各データをもとに，筆者作成。

　2つめは，SDGsの前身であり，2001年に国連で採択されたMDGs（Millennium Development Goals）である。MDGsでは，2015年までに達成すべき8つの目標が設定されていた[3]。SDGsはそのMDGs の後継として，MDGsで残された課題や，環境問題等新たに顕在化した課題に対応すべく掲げられたものである。MDGsは，国連の専門家主導で策定されたものであるが，SDGsは国連加盟193カ国による政府間交渉に加え，NGOや民間企業，市民社会の人々等も議論に加わって作成されたものである[4]。これにより，SDGsという新たな国際的な目標は，民間企業も含めて対峙すべき課題となっていることが明示されている。

2　SDGsを貫く２つの概念と中小企業

　蟹江（2020）によれば，SDGsには２つの大事な理念がある。１つは「変革」であり，もう１つは，「だれ一人取り残されない」ことである[5]。以下に，この２つの理念と中小企業との関係性について述べる。

（1）「変革」の概念と中小企業

　蟹江（2020）は，SDGsを核とする2030年の国連決議のタイトルが，「我々の世界を変革する：持続可能な開発のための2030年アジェンダ」[6]となっているように，SDGsが「変革のために存在している」と指摘する。また，SDGsが体現する未来のかたちには，今の世界とは大きなギャップがあり，このギャップを埋めるために変革が必要であると述べている[7]。貧困問題や環境問題等々を解決するには，世界の様々な仕組みを変革（変える）する必要が生じる。生産・分配システム，社会システム，生活様式等，様々なシステムを変えなくては，17の目標は達成することはできないのである。

　国連はSDGs達成に向けて，2020年を「行動の10年（Decade of Action）」がスタートする年としている。2030年までにSDGsを達成するには，今よりももっと取組みのスピードを速めて，規模を拡大しなくてはいけないと謳っている[8]。2020年は折しもコロナウィルスの蔓延により世界中で人々の交流が断たれ，経済が後退し，教育現場が混乱するなど，人類にとって苦境を強いられる年となった。コロナ禍において，我々は，働き方や生活スタイルの変化を余儀なくされ，これまでの価値観が一変するような時代となったことを少なからず実感した。企業においても，これまで当たり前のように行ってきた経営スタイルの変更をせざるをえない状況に直面している。利便性の高い交通手段の利用を控えてリモート会議を推進したり，さらには働く場としてのオフィスビルももはや不要であるとして縮小したり，売却したりする事例も出てきている。こうした「変化」は，オフィスにおける使用エネルギーの縮小や大気汚染の減少につながり，コロナ禍の対策による一時的なものであったとしても，変化による副次的な成果としても捉えられよう。

一方，中小企業にとっては，コロナ禍で余儀なくされる経営形態の「変化」も，SDGs達成のための「変革」も容易ではないといった声が，しばしば聞かれる。それは，コストの問題であったり，マンパワー不足の問題であったり，あるいはそれに伴う資金調達の困難性であったりする。しかし，一方で，林（2021）の拙稿で指摘したように，「中小企業の規模による機動性」や「経営者のリーダーシップによる浸透性」といった中小企業独自の利点を生かして，SDGsへの取組みを促すことも可能であると考える[9]。中小企業の規模に伴う機動性というのは，企業がSDGsに取り組む際に不可欠な従業員への理解に関して，その意識啓発について一貫した理念を企業が提示できれば，比較的，社内に浸透しやすく，また，従業員からの提案もしやすい環境にあることを指している。また，中小企業の経営者のリーダーシップによる浸透性とは，トップがSDGsの重要性を認識すれば，大企業よりもむしろトップダウンでより速く社内に意識を浸透させ，機動性との相乗効果でSDGsを意識したビジネスを行いやすいことを意味している。まずは，こうした利点を認識，実践することで，SDGs達成のための社内変革を可能にすることができると考えられる。

（2）「だれ一人取り残さない」概念と中小企業

　SDGsが話題に取り上げられるとき，「だれも置き去りにしない」，「だれ一人取り残さない」といった理念が合わせて紹介されることも多く，「変革」の概念よりも一般に浸透しているようである。蟹江（2020）の指摘によると，原文は，'No one will be left behind.' と受身形になっていて「だれ一人取り残されない」であり，「自分が取り残される立場になりうることを前提に『取り残されない』世界を創ろう」と解釈される[10]。

　これを中小企業に置き換えて考えれば，「中小企業」が取り残される立場になりうることを前提に「取り残されない」環境（世界）を創っていくことが肝要である。先に「変革」の必要性と共に，中小企業におけるその遂行の困難性も述べた。しかし，変革なくしては中小企業そのものが取り残されかねない。そこで，中小企業の利点を生かした取組みが，変革につながることは既述のとおりであるが，次章でなぜ中小企業がSDGsに取り組むのか，あるいはどう取り組むのかといったことを大企業との違いも合わせて論じる。

3　中小企業はSDGsにどう対峙するか

（1）資本市場の視点から捉えられるSDGs

　先に述べたとおり，国連が2020年を行動の10年としていること，また感染症拡大により，人々の考えや企業の行動にも価値観の変化といったものが見られるようになったことなどにより，SDGsが社会により浸透したものと考えられる。今日では，SDGsの浸透と共に，ESG（Environment, Social, Governance）やESG投資[11]といった言葉も，合わせて注目されている。SDGsとESGは，金融市場の観点から見ると，非常に密接に関わっていることが見て取れる。世界でも最大規模の年金基金を運用する日本のGPIF（年金積立金管理運用独立行政法人）は，ESG投資およびSDGsについて次のように述べている（図表1-4）。

図表1-4　GPIFが示すESG投資とSDGsの関係

1．ESG投資において考慮されるESG課題とSDGsのゴールやターゲットは共通点が多い。
2．ESG投資が結果として，SDGs達成に大きく貢献することになる。
3．SDGsが達成され，持続可能な経済社会実現することは，GPIFにとって，運用資産全体の長期的なリターン向上につながることになる。

出所）GPIFホームページ「ESG投資」をもとに筆者作成　https://www.gpif.go.jp/esg-stw/esginvestments/（2022年1月5日アクセス）。

　また，GPIFは，上述のESG投資とSDGsの関係性を，ESG投資によって持続可能な社会の構築（＝SDGsの達成）が図られるものとして示している（図表1-5）。ここで，GPIFが取り上げている企業は，投資先である上場企業を指しており，資本市場におけるSDGsの位置づけを示唆している。このような文脈から捉えると，GPIFのような機関投資家の投資対象となるいわゆる大企業（や上場企業）は，ESG投資を意識した上でのSDGsへの取組みを行っているとも考えられる。海外機関投資家もESG投資に着目しており，それに伴いグローバル企業も，また，社会的課題解決に取り組む「パーパス」経営を意識するよ

図表1−5　GPIFが捉えるESG投資とSDGsの関係

出所）前掲，GPIFホームページ（2022年1月5日アクセス）。

うになってきている[12]。すなわち，大企業にとってのSDGsは，資本市場の側面から達成すべきものとなっているとも言えよう。

（2）中小企業の進むべき道を示すSDGs

　先に示したとおり，ESG投資を資金の出し手である機関投資家が実践することに伴い，上場企業はSDGs目標の達成に，より積極的になるという構図が描かれているが，では，この構図の中には見られない中小企業は，SDGsをどう捉えればよいのだろうか。GPIFが示した図表1−5の「企業」には，実はサプライチェーンとして中小企業が目に見えない形でつながっている。例えば，気候変動対策であるCO_2の削減においては，社内のみではなくサプライチェーンも含めた対応が必要であると以前から言われていた。また，削減目標や達成度合いの情報の公開においても，サプライチェーンも含めた内容で開示すべきであるとも言われており，実際に東京証券取引所の新市場の上場要件の一部にも含まれている[13]。また，日本企業がこれまであまり敏感でなかった人権問題に関しても，サプライチェーンを含めた対応がなされているかどうかを求める動きもある。こうしたことから，中小企業もまた，このような様々なSDGs対

応を迫られることは必至である。しかし，それをこれまでのような大企業からの圧力として捉えるのではなく，南・稲場（2020）が同書のタイトルにも「危機の時代の羅針盤」と掲げているように，SDGsをこれからの経営の羅針盤，すなわち，進むべき道を指し示すものとして捉えることが肝要である。

　実際に，SDGsを主軸として経営スタイルを「変革」し，コロナ禍であっても「置き去りにされない」経営活動を進めている中小企業も後述のとおり，少なからず台頭している。SDGsは到達すべき目標ではあるが，中小企業自身がサステナブル（持続可能）であるために，経営の目指すべき道も指し示していると考えられよう。

注—————————
1　国際連合広報センターホームページ，「持続可能な開発サミット：人々と地球のために，私たちの世界を転換させよう（2015年9月25-27日）概要」https://www.unic.or.jp/news_press/features/transc.backgrounders/15760/（2022年1月5日アクセス）。
2　SDGsが採択されるまでの経緯を2つの視点から見ている点は筆者の見解であるが，南博，稲場雅紀（2020）に33～35頁では，同様の見解が詳述されている。
3　8つの目標とは，「1．極度の貧困と飢餓の撲滅」，「2．普遍的な初等教育の達成」，「3．ジェンダーの平等の推進と女性の地位向上」，「4．幼児死亡率の引き下げ」，「5．妊産婦の健康状態の改善」，「6．HIV/エイズ，マラリア，その他の疫病の蔓延防止」，「7．環境の持続可能性の確保」，「8．開発のためのグローバル・パートナーシップの構築」である。国連広報センターホームページ，「ミレニアム開発目標（MDGs）の目標とターゲット」（2022年1月5日アクセス）。
　　https://www.unic.or.jp/activities/economic_social_development/sustainable_development/2030agenda/global_action/mdgs/
4　外務省ホームページ，「わかる！国際情勢Vol.134 "誰一人取り残さない" 世界の実現−『持続可能な開発のための2030アジェンダの採択』2015年11月12日」https://www.mofa.go.jp/mofaj/press/pr/wakaru/topics/vol134/index.html（2022年1月5日アクセス）。
5　蟹江（2020）4～5頁。
6　原文タイトルは 'Transforming our world: the 2030 Agenda for Sustainable Development' であり，この日本語タイトル訳は外務省による仮訳版である。
　　https://www.mofa.go.jp/mofaj/gaiko/oda/sdgs/pdf/000101402.pdf
7　蟹江（2020）4頁。
8　国際連合広報センターホームページ，「持続可能な開発目標（SDGs）とは」https://www.unic.or.jp/activities/economic_social_development/sustainable_development/2030agenda/#:～:text=2020（2022年1月10日アクセス）。
9　林（2021）183，184頁。
10　蟹江（2020）5頁。

11 企業の環境，社会，ガバナンスの側面にも着目して行われる投資形態。国連のPRI（Principles for Responsible Investment）原則でも機関投資家に対してESG投資を促している。

12 2018年1月，米国の資産運用会社BlackRockのCEOラリー・フィンク氏は，全世界の他社のCEOに送る年頭の書簡で「企業は社会的に意義のあるパーパス（存在意義）のために働くべき」と述べた。

13 東京証券取引所は，気候変動情報開示を国際的に先導するTFCD（Task Force on Climate-related Financial Disclosures）による「気候関連財務情報開示タスクフォース提言」に準ずる意向を示している。日本取引所グループ，東京証券取引所『ESG情報実践ハンドブック』53～55頁。https://www.jpx.co.jp/corporate/sustainability/esg-investment/handbook/nlsgeu000004n8p1-att/handbook.pdf

参考文献————————
蟹江憲史（2020）『SDGs（持続可能な開発目標）』中公新書。
南博，稲場雅紀（2020）『SDGs——危機の時代の羅針盤』岩波新書。
林幸治編著　日本中小企業・ベンチャービジネスコンソーシアム著（2021）『新中小企業論』文眞堂。

（野村佐智代）

第**2**章

地域企業としての中小企業と SDGs

┃ 1　地域とSDGsの関係

　SDGsの概念と地域，そして企業との関係について本章では検討する。SDGs は地域，そして地域を経営基盤に持つ企業と合致しやすい概念である。しかし，SDGsの17の目標や169のターゲットを見ると，個人や企業単独で取り組むことは難しいように認識されてしまうことがある。実際に，一個人で世界の貧困を解決することは不可能であるし，一企業の取組みで二酸化炭素の排出量を世界規模で減少させることも難しいであろう（以下，企業について取り扱う）。こういった理由で，自社とは関係ないことだと最初からSDGsを視野に入れない企業も存在するであろう。だが，SDGsについては，企業の地域での取組みや活動こそが行動の第一歩であり，まずは地域から，そして世界へとつながっていると考えると理解しやすい。ここではSDGsがいかに地域を意識した企業の経営と関連しているかを考えていこう。

　SDGsは17の目標と169のターゲットが設定されている。17のゴールは地球規

模，世界レベルの議論であり，また169のターゲットは国レベルの議論なのである。では，その下位の取組みが設定されているかというと，設定されていない。ここに，SDGsに対するイメージが地球規模や国規模での活動と捉えられてしまう要因がある。地球規模での目標や国レベルでのターゲットは広く流布されているが，各企業のどういった活動や取組みがSDGsなのかを明確に定義するものが一般化されていないのである。

　そこで，どういった取組みが169のターゲットにつながり，それが17の目標に結びつくのかといった発想の転換がポイントとなる。169のターゲットのさらに下位の対象は何かを考えなくてはならず，その対象が"地域"なのである。地域において企業は何ができるのか，それが国レベルでのターゲットをどのように解決していくのか，そして地球規模の目標にどのようにつながっていくのかを検討する必要がある。

　たとえば，日本でも貧困の課題は存在しており，それを直視せずに世界の貧困問題解決のみを唱えると違和感が生じる。しかし，地元である地域の貧困問題が存在するならば，そこに向き合うことは世界レベルの話ではなく身近な課題としてとらえることができる。実はこういった考え方がSDGsの一歩であり，17の目標につながるのである。17の目標ではなく，企業の地元である地域で何が課題なのか，その課題解決に向けて何ができるのかを考える。それにより地域の課題が少しずつ解決したり改善したりしていけば，国レベルでの課題が改善し，地球規模での課題がわずかではあるが改善していくという発想がSDGsには必要である。

　SDGsのウェディングケーキモデルというものがある[1]。このモデルはSDGsの目標17「パートナーシップで目標を達成しよう」をケーキの頂点に配置し，その下に置かれた「経済（ECONOMY）」「社会（SOCIETY）」「生物（BIOSPHERE）」の3つの階層によって構成されている。「経済」が発展するためには，生活や教育などの社会が条件となり，「社会」は一番下の「生物」という生きていくために必要な自然の環境によって支えられているという概念を示している。これを地域に置き換えると，地域の環境の上に地域社会があり，さらのその上に地域経済があるとイメージできよう。企業は地域環境（自然の保護など）のために何ができるのか，地域社会のために何ができるのか，そして地域経済のた

めに何ができるのか，地域版のウェディングケーキモデルに置き換えるとイメージしやすい。そして，地域の取組みを第一歩として日本に広がり，やがて世界の課題が解決するという発想がSDGsと地域の関係といえよう（図表2-1）。

図表2-1　ウェディングケーキモデルの地域版への転換

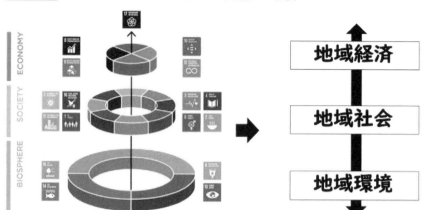

出所）ウェディングケーキモデルは　https://www.stockholmresilience.org/research/research-news/2016-06-14-how-food-connects-all-the-sdgs.htmlを参照

2　地域企業とは何か

　企業は地域とのつながりが密である。特に規模の小さな中小企業は地域とのつながりが強く，地域を基盤として事業を営んでおり，地域社会，地域経済と相互に作用し，発展もともにする。だが，利益の最大化や株主価値経営が主流であった時代には，地域に視点を置いた企業経営は希薄化されていた。地域との関係性が希薄化されることにより，地域自体も衰退し，地域社会の崩壊に瀕しているところも存在する。

　このような点を反省し，企業にとって地元である地域の重要性を再認識し，企業の地域における役割や関係性を見直そうとする動きが始まった。それが京都市で発表された「京都・地域企業宣言」である。2018年に京都市中小企業未来力会議によって「京都・地域企業宣言」が発表され，この宣言の中で地域企

業という用語が強調された（図表2-2）。同宣言によれば，地域企業とは，企業の規模などは関係なく，該当する地域に本店又は主たる事務所があり，その地域に根ざして活動される事業者であると定義されている[2]。企業は地元である地域に何ができるか，どういった貢献ができるのかといった，地域に対しての行動を基準において企業を定義しようとする試みといえよう。企業の規模にこだわらず，地域に存在する企業であること，その地域に影響を及ぼす企業をすべて地域企業と定義した点がこの宣言の特徴である。地域経済の発展には大

図表2-2　京都・地域企業宣言

> 　企業には理念が必要である。悠久の歴史の中で，多くの企業が生まれ，発展してきた京都では，理念が社是，社訓として重んじられ，私たちの礎となっている。私たちは，規模を基準とする中小企業ではなく，人と自然と地域を大切に，地域に根ざし，地域と繋がり，地域と共に継承・発展する「地域企業」である。その自覚と誇りを胸に，京都から日本，世界，そして未来を見据え活動していくことをここに宣言する。
>
> 　国内外から人や物が集い，伝統と革新が融合しながら新たな文化を創造し，千年を超えて都市の機能が継続してきた京都。私たちの先人は，経済的価値と共に文化的価値を大切にし，衣・食・住をはじめとする生活文化，地域が受け継いできた祭祀などに彩られる市民の暮らしを支えてきた。そして，伝統産業から先端産業，農林業，観光や情報をはじめとするサービス業などあらゆる産業やその担い手を育み，社寺や学術・研究機関との協働によって数々のイノベーションを生み出してきた。
>
> 　今，人口減少社会の到来，地域コミュニティの弱体化，競争環境の激化といった，数々の困難や時代の転換点に直面している。
>
> 　今こそ次の千年に向けた出発点であり，共に社業の発展を通じて地域に貢献し，しなやかな強さで京都の未来を切り拓く力，すなわち「未来力」を発揮するときである。
>
> 　先人の理念である“先義後利”や“不易流行”をはじめ，京都に育まれてきた精神文化を大切に，あらゆる連携によって地域を支え，京都を拠点に日本の活力源となり，共生社会の担い手として，世界の人々の笑顔あふれる未来を創造していくことを誓う。
> わたしたち地域企業は，
> 一，自助努力や各企業の連携・融合により社業の持続的発展を追求する。
> 一，生活文化の継承，安心安全，地域コミュニティの活性化に貢献する。
> 一，働きがいや社会に貢献する喜びを大切にし，若者をはじめ多様な担い手の活躍を支援する。
> 一，受け継いできた文化や知恵，技術を学び，新たな価値の創造に挑戦する。
> 一，森や水の恵みを活かし，暮らしを支える豊かな自然環境の保全に寄与する。
> 　平成30年9月10日
>
> 京都市中小企業未来力会議

（出所）京都市情報館HP（https://www.city.kyoto.lg.jp/sankan/page/0000241891.html，2021年12月31日アクセス）

企業や中小企業といった規模に関係がなく，様々な形で企業が地域に貢献する形が理想である。規模を基準とする中小企業ではなく，人と自然と地域を大切に，地域に根ざし，地域と繋がり，地域と共に継承・発展を目指す企業こそが「地域企業」なのである[3]。

　地域を重視し，地域志向の企業を地域企業と位置づけ，企業と地域が一体化して課題解決や地域づくり，社会づくりを目指していこうとする動きは，SDGsの概念に合致する。地域企業宣言では，「社業の持続的発展」，「地域コミュニティの活性化」，「多様な担い手の活躍を支援」，「新たな価値の創造」，「自然環境の保全に寄与」という5つの行動指針が示されている。これらはSDGsの17の目標に当てはまる。

　企業は当然，自社の利益を確保しなくてはならず，事業を継続させるためにも利益を計上しなければならない。しかし，経済的合理性のみを追求した経営だけでは，もはや存続はできない。これまでのようにステークホルダーの中でも株主のみを重視していた経営ではなく，特に地域や地域の人々に注視した経営が望まれるようになった。経済的合理性一辺倒から持続可能性重視の経営へと変化しているのである。地域の環境，社会，経済といかに企業が向き合っていくか，すなわちSDGsを視野にいれた取組みを行っていくかが問われる時代が到来したのだ。

3　地域企業とSDGsとのリンク

　企業が地域を念頭に置いた活動をすることは困難であるのと同様に，企業がSDGsに取り組むことは高いハードルがある。企業がSDGsを掲げて事業を営むことは決して易しいものではない。しかし，企業が現在，行っている活動や取組み自体がまさに地域企業として役割を果たしていることもあるし，SDGsの理念に合致していたり，目標やターゲットそのものであったりすることがある。これは企業が自社の活動とSDGsや地域企業の目標とをリンクさせる必要があり，SDGsの目標を達成や地域企業としての役割の目標を達成するには一定のパワーが必要であることを示唆しているのである。

たとえば，東大阪市に㈱西當照明という板金加工，照明器具製造の企業があるが，同社のホームページを閲覧してもSDGsのロゴはなく，地域貢献という文言を用いてアピールはしていない[4]。しかし，同社を分析すると，毎朝3S活動[5]を行っており，障がい者の雇用も行い，CSR活動の一環として地元の小学生の工場見学を受け入れたり，また学生のインターンシップも受け入れたりしている。また，2014年に環境省のエコアクション21をも取得している[6]。こういった活動は，同社が地域に貢献しようとする意志，環境に配慮した経営をしようとしている試みであると推察できる。さらには，同社はJICAが主催する発展途上国向けの研修プログラムに日本の中小企業の事例紹介として何度も参加しており，国際貢献も行っている。その研修プログラムの中で，同社が開発し製造販売をしている粘着式捕虫器にアフリカやアジアの研修員が注目したことがある。彼らの国々では国民の死亡要因の中で上位を占めるのがマラリアである。マラリアは蚊により伝染するため，彼らはいかに蚊を駆除するかに苦心しているのである。同社の捕虫器は薬剤を使わず，照明器具製造で培ったノウハウをもとに照明で捕虫する仕組みである点に彼らは関心を寄せた。ぜひ輸出して販売してほしいという依頼が研修員から上がり，またJICAからもSDGsに関した補助金もあるので検討してはどうかという話になった。

　同社の活動や取組みを地域企業宣言に当てはめると，3S活動は安心安全，自然環境の保全に該当するし，障がい者の雇用や小学生の工場見学，インターンシップの受け入れ，JICAへの協力は働きがいや社会貢献の喜び，多様な担い手の活躍支援に該当する。また，SDGsの目標にリンクさせると，粘着式捕虫器は3の「すべての人に健康と福祉を」に該当し，3S活動，障がい者雇用，小学生の工場見学，インターンシップの受け入れ，JICAの研修への協力は，目標4の「質の高い教育をみんなに」，目標8の「働きがいも経済成長も」，目標10の「人や国の不平等をなくそう」，目標11の「住み続けられるまちづくりを」に合致するといえる（図表2-3）。

　企業は，事業と事業外の活動や取組みを，地域貢献やSDGsの概念と照らし合わせて上記のようなリンクさせる作業が必要なのである。ただ，こういった取組みを行っていると宣言すると負担が増加する懸念もある。そういった負担増加リスクの存在を理解し，企業は地域に何ができるのか，それが日本の課題

図表２－３ ㈱西當照明のSDGsのゴールとのリンク

	内容	貢献	SDGsのゴール
事業	粘着式捕虫器	・薬害なく害虫駆除	3 すべての人に健康と福祉を
事業外	3S活動 障がい者雇用 小学生の工場見学 インターンシップ JICAの研修協力	・地域の美化や雇用，教育への貢献 ・国際貢献	4 質の高い教育をみんなに 8 働きがいも経済成長も 10 人や国の不平等をなくそう 11 住み続けられるまちづくりを

にどう関与していくのか，さらには世界の課題にどのような影響があるのかを
考えて行動していくことが，現代の企業には求められるようになったのである。
　SDGsへの取組みは，地域に何ができるのか，地域の課題解決に役立てるこ
とは何かを考えて行動することがまずは第一歩である。地域の一員であること
を自覚し，地域の発展に寄与することこそが，実はSDGsであると理解してよ
い。その取組みがSDGsの目標（地球規模）にどうリンクするのかを企業内で
考え始める，このようなことから始めることが求められている。
　地域企業が目指すものと，SDGsの目指すものは乖離していない。むしろ，
これまでの企業経営は利益の最大化を追求し，いかにして市場や売り上げ拡大
を図り株主へ還元するか，すなわち株主価値の最大化を経営の主眼に置いてい
たが，その方向性はもはや過ちであることが露呈された。これからは，企業は
経営の基盤は地元であること，そして株主以外のステークホルダーを注視する
姿勢を再度，確認しなくてはならない。それは，地元の顧客であり，労働を提
供してくれる住民といった地域という概念を基盤に置くべきである。いつのこ
ろからか軽視されるようになった地域との関係，地縁，すなわち，顔の見える
関係性をもう一度評価するときが到来した。規模にかかわらず，企業は基盤を
置く地域におけるソーシャル・キャピタルであることを認識し，地域の人々と
の協調的な行動を促す信頼，ネットワーク，互酬性の規範を重視し，まずは地
域の課題を皆で解決していこうとする姿勢を涵養しなければならない。自社の
みの規模拡大の追求や効率性の追求ではなく，地域の一員として企業がいかに
地域に貢献しているか念頭においた経営こそが，地域企業としてのSDGsのス

タートとなり，これからの企業経営には必須な条件となる。SDGsの目標を目指して事業を営むことは決して簡単ではないが，地域の課題解決を解決していこうとする企業が増加すれば，いずれ世界レベルでの課題解決につながるであろう。

注————————————
1 https://www.stockholmresilience.org/research/research-news/2016-06-14-how-food-connects-all-the-sdgs.html
2 京都市情報館HP（https://www.city.kyoto.lg.jp/sankan/page/0000246159.html 2022年1月5日アクセス）。
3 同上。
4 ㈱西當照明のHPはsaito-syoumei.jpである。
5 整理・整頓・清掃の頭文字をとった活動であり，多くの企業が取り組んでいる。
6 環境省のHPによれば，「エコアクション21は，環境省が策定した日本独自の環境マネジメントシステム（EMS）である。一般に，「PDCAサイクル」と呼ばれるパフォーマンスを継続的に改善する手法を基礎として，組織や事業者等が環境への取組みを自主的に行うための方法を定めている。エコアクション21は，あらゆる事業者が効果的，効率的，継続的に環境に取り組んでいただけるよう工夫されている」としている（一般財団法人持続性推進機構 エコアクション21中央事務局https://www.ea21.jp/ea21参照）。

参考文献————————————
沖大幹，小野田真二，黒田かをり，笹谷秀光，佐藤真久，吉田哲郎『SDGsの基礎』事業構想大学院出版部，2018年
蟹江憲史『SDGs』中公新書，2020年
林幸治編著 日本中小企業・ベンチャービジネスコンソーシアム著『新中小企業論』文眞堂，2021年
南博，稲場雅紀『SDGs―危機の時代の羅針盤』岩波新書，2020年

（林　幸治）

第3章

企業価値の変化と中小企業のSDGs
――従業員の喜びと誇りの実現

1　ポスト株主価値経営

　本章では，企業価値の歴史的推移から，SDGsの今日的意味を考え，続いて中小企業が，いかにしてSDGsを取り入れていくか，そしてそれが従業員や顧客にどのような効果を与えていくかを，考えてみよう。

（1）株主価値経営への反撃

　2006年のリーマンショックは，企業価値の評価に大きな影響をもたらした。
　これまで圧倒的であった「株主価値経営」が大きく揺らいだ。株主にすべての利益を収斂するやり方は，厳しく批判され，企業は社会的価値の追求に大きく舵を切った。
　株主価値経営は，まず労働者の縮減と流動化による賃金コストの圧縮によって利益率を引き上げる。しかし，このことによって，失業による貧困と，固定費の流動化によって，非正規化が進行し，労働者の不安が産み出された。

リーマンショック以降，労働者は株主および大企業の経営者に，強い反発を持つようになった。その結果，多くの街で集会やデモが繰り拡げられた。またビルの地下や公園・河原にはホームレスが溢れた。

　消費者は購買価値を無駄の削減というかたちで削減・縮減されてきた。製品の製作過程で原材料費，賃金が抑制されたために実質的な購買価値が切り詰められた。こうした状況の中，消費力は低下し，リーマンショックという未曽有の景気低迷が生じ，長く景気後退が続いたのである。

（2）共通価値経営，何も問題解決せず

　株主価値経営のもたらした問題点の打開策として，その当時主張されたのが，ハーバード大学のマイケル・ポーターらが提唱した「共通価値経営」である。従来の株主価値経営と新しい社会的価値経営の2つを両立させて，社会的価値経営へのソフトランディングを図ろうとしたのである。

　しかし世論の批判は厳しく，格差と貧困の拡がりは，そうした穏やかな方向転換を許さなかった。また，気候変動の高まりは，環境に配慮しない従来のコスト軽減策に見直しをせまるものとなった。共通価値経営は何も解決をもたらさず，忘れ去られていったのである。

　そして，アメリカの東海岸を中心とする，いわゆるエスタブリッシュメントと言われる伝統的な大企業であるJPモルガン銀行やGEは，表面的には社会的価値に配慮するような姿勢を示しながら，株主価値経営を継続していた。例えばJPモルガンは，口では環境配慮を言いながら，石炭依存企業への融資を増額していた。またGEは，社会問題と対峙もせず，ジャック・ウェルチの経営手法（ROEの引き上げと株価の吊り上げ）を継続していた。

（3）課題解決型経営

　これに対して，アメリカの西海岸を中心とする新興企業は，「課題解決型経営」という経営行動で，果敢に社会問題，環境問題に取り組んでいった。

　スタンフォード大学のデザインシンキングを手法として，例えば，衰退した自動車産業のメッカ・デトロイトを犯罪と疲弊の街から蘇らせた。これら多くの企業は，問題解決型のシリコンバレーで発展してきたベンチャー企業であっ

た。

（4）機関投資家，ファンドも方針転換

　貧困と格差，環境問題がいっそう深刻になるにしたがって，エスタブリッシュメントの大企業も次第に社会問題に目を向けるようになってきた。例えば，大銀行のバンク・オブ・アメリカは社会問題解決融資に舵を切った。しかし，いまだ舵を切れないGEは事業の縮小に追い込まれた。

　さらに，投資家も徐々に投資行動を変化させていった。環境問題，社会問題に取り組む企業に資本市場は高い評価を与えたのである。またエスタブリッシュメント企業でも，労働者を従来どおりコストと見ている企業は評価を下げたが，従業員を生産性向上のカギと見て投資している企業は高い評価を受けた。

　こうした状況の中で，大きく経営方針を変える企業も出てきた。きっぱりと株主価値経営と縁を切ったり，環境問題に取り組む企業が出てきた。例えば，リーマンショック以前，悪名高き英国のロイヤル・バンク・オブ・スコットランド（RBS）は，株主価値経営とはきっぱりと絶縁して，スコットランド・エジンバラの郊外ゴガバーンに帰り，地域社会と共に生きる決断をした。

図表3-1　企業価値の変遷

年	大企業	中小企業
～1985	営業価値	営業価値
1985～2006	株主価値	営業価値
2006～	社会的価値	社会的価値

2　労働力市場・消費者市場への配慮

（1）企業経営とパンデミック

　資本市場やグローバル市場へ偏った配慮をしてきた企業は，次第に地域エリアの地元企業と向き合うようになった。これにはコロナの大流行の影響も考え

られる。

　資本の移動はコロナ大流行とは無縁だが，労働力や消費者の移動はコロナの大流行で大きな制約を受ける。入国や出国の際に検査や隔離を受けるからである。したがって企業は，労働力市場，消費者市場には何らかの打開策を打たねばならない。それがグローバルからローカルへ，地球から地域への政策転換である。

（２）中小企業ではなく＜地域企業＞という考え方

　地域企業への配慮は，労働力市場や消費者市場への配慮に強く関係してくる。なぜなら，国際的な労働力市場や消費者市場は移動を制限されるため，企業は制約を受けない国内・地域・近隣に軸足を移さざるを得ないのである。

　例えば，星野リゾートが運営するホテル「星のや」はグローバルにお客を集めるのではなくて，地元および地元周辺の顧客に対象を絞り，宣伝・PRを強化している。レストランのテイクアウトの充実もこうした経験に基づくものである。消費者だけではない。労働力の担い手，人も移動は制限されている。したがって，地元の人，地元の高齢者，主婦などを労働力市場に動員せざるを得ないのである。現在，高齢者のための住宅やケアセンターが充実し，主婦を含む女性支援のための託児所や母子家庭のための住宅が拡充しているのは，そのためである。

（３）SDGsの導入

　地域企業への配慮を考えた時，ステークホルダーである株主，従業員，消費者，地域，役所などの公的団体を説得し，心を一つにできる方法はあるであろうか。それは，SDGsである。SDGsは，地域の貧困や飢餓から地域住民を解放し，保健と福祉，そして教育を提供する。環境問題にも配慮することになるし，人間関係の平等性やジェンダーへの心配りも素晴らしい。さらに人間や団体の連携や協力も勧めている。地域での社会的価値推進の切り札がSDGsなのである。

（4）企業価値とステークホルダー

　1985年以前の営業価値経営の主たる時代は，配慮すべき一番のステークホルダーは，個人大株主や経営者そのものであった。個人大株主の顔を見て，多くの利益を配当として分配していたのである。

　ところが1985年頃から，大企業が配慮すべきステークホルダーは年金，保険，投信の機関投資家に変化していった。しかし，資本市場に依存しない中小企業では，いまだオーナーである個人大株主が一番のステークホルダーであった。

　2006年リーマンショックが起きて，大企業のステークホルダーである機関投資家は社会問題や環境問題に，強い関心を寄せるようになった。そして中小企業も社会問題，環境問題に少しづつ配慮するようになった。

　中小企業が社会問題，環境問題に大きく関心を寄せるようになったのは，2000年のコロナ大流行の影響である。移動を制約された中小企業は，自らの地元とその周辺だけが，活動範囲になった。地域の住民，消費者こそが最大のステークホルダーとなったのである。

図表3-2　配慮すべきステークホルダー

時代	大企業	中小企業
営業価値経営	個人大株主	個人大株主
株主価値経営	機関投資家	個人大株主
社会的価値経営	機関投資家 地球規模エリアの住民	地域の住民 （労働者，消費者）

3　SDGs展開の構図

（1）トップの決断

　SDGsを企業経営の目標にするということは，その企業のトップが決断しなければならない。

この混沌とした社会にあって，何を企業経営の方針にするかは，経営者の最高にして，最大の経営課題である。

SDGsを経営方針にするということは，自らが「持続可能な開発目標」を実践しなければならない。例えば，目標1の「貧困をなくそう」，目標2の「飢餓をゼロに」を実践しなければならない。ある企業が地球上の貧困をなくせるであろうか，また飢餓をなくせるであろうか。そうしたことを，自問しなければならない。経営トップは決意できても，それでは役員は理解できるであろうか，部下や社員は理解して実践できるのであろうか，課題は尽きないのである。

（2）企業内の合意

次に社内議論がはじまる。まずは，理解できない社員が，そんなことはできないと反発する。やっと説得しても，自らのビジネス活動を変えなければならないので，まず呆然とする。悩んで悩んでやっと納得しても，お客は理解してくれない。

しかし，少し気持ちが変わってくる。お客が喜んでくれる。近所の人が感謝してくれる。自分も嬉しくなってくる。こうしてSDGsは次第に浸透していく。

（3）他の団体との連携

SDGsの17の目標の中には，実現が難しいものもある。貧困をなくすといっても，それを実践するのは困難である。自分の会社の品物を困った人全員にばら撒くことはできないし分け与えることもできない。そこで必要なのは工夫と知恵だ。貧困をなくそうと活動しているNPOと連携して，そのNPO活動を支援すればよいのである。そうすれば，自分のところの寄付金や過剰な食べ物などの食品が生活の困窮している人に届けられる。ちなみに最後の17の目標は「パートナーシップで目標を達成しよう」という項目がある。一人で頑張るだけでなく，全員で協力して頑張ればよいのである。

（4）SDGsの実践は喜び

こうしたことが解ってくれば，SDGsの実現は，そんなに困難なものではないことが認識できる。自分でやる。できない時は他人に相談する。手伝っても

らう。そして実現する。そして課題が出てくれば，また考える。これの繰り返しである。

　この繰り返しの中で認識できることがある。それはSDGsを実践する喜びである。懸命に社会に貢献する自分の姿が，喜ばしく，また誇らしくなってくるのである。SDGsの役割とは，社員の喜び，誇りの実現なのである。

図表3-3　SDGs実践の構図

第1フェイズ	トップの決断	信念・情報収集・熟慮・確信
第2フェイズ	企業内の合意	議論，コンサルティング，調整
第3フェイズ	他の団体（NPO，大学など）との連携	協議，支援，調整
第4フェイズ	実践，そして反省	信念，確信，軋轢，調整，喜び

4　これからのSDGs実践とそこでの課題

（1）株主価値経営の再台頭

　社会的価値を追求する際に，それを邪魔するかのように，必ず台頭してくるのが株主価値経営である。これまで，長らく追求してきたこの経営行動原理は，特に大企業であるが，機関投資家の眼，とりわけ資本市場の評価を意識している。主要な資金調達を資本市場に依存している大企業は，株価の上昇を支えるROEおよび効率性などを重視しているので，株主価値経営が頭から離れない。

　こうした大企業に強く影響を受けている中小企業は，得意先である大企業の経営行動に強く依存している。SDGsの趣旨を理解し，社会的価値の経営行動をとろうとしても，大企業から邪魔されるかもしれない。SDGsの経営に理解を示している大企業であれば，中小企業のSDGs行動にも理解と協力を示してくれるが，理解のない大企業であれば，邪魔をしたり，無意味だと文句をつけてくるかもしれない。

　重要な取引先である大企業が，どのような経営認識をしているのか，十分に調べて，注意を払わねばならない。

（2）営業価値追求との相克

　株主価値よりも難しいのが，営業価値の追求という経営行動である。SDGs
を目指す中小企業も資本主義企業である以上，営業価値を求めている。売上高
の向上，経費の削減など，当然，大切な経営要素である。売上高の向上を求め
ながら，社会的価値も追求する。また営業経費の削減も，社会的価値に配慮し
ながら，追求する，これがSDGs企業なのである。

　営業価値の追求と社会的価値の追求は，矛盾していそうだが，そうではない。
両方とも追求できるのである。例えば，女性社員の場合，子供を抱えるひとり
親もいるであろう。このケースにおいて，この女性を会社のお荷物と考えるの
はよくあることだ。しかし，保育所を用意すれば安心して仕事に集中できる。
保育所を用意するのは，企業としてはコスト増と考えられが，この女性社員が
保育所に子供を預けて仕事に集中すれば，生産性を大きく上昇できるし，売上
高を引き上げることもできる。

　したがってポイントは，育児支援を仕事支援に繋げることができるかどうか
なのである。これは，経営者の考え方や管理手法の問題である。ただ一人の働
き手として女性社員を見るのではなく，生活全体の中で，女性社員，従業員を
把握することが重要なのである。能力を十分に発揮できるように，労働環境を
創出・整備することが経営者の重要な仕事である。

（3）ステークホルダーの無理解

　SDGs推進の最大の障壁は，SDGsへのステークホルダーの無理解である。利
益追求を目的としている資本主義企業が，社会的価値を追求するような行為は，
一時的にはできても恒常的には不可能だという批判である。

　SDGsの11番目の目標「住み続けられるまちづくり」は，すべてのステーク
ホルダーが話し合い，譲り合って持続可能な地域をつくっていこうというもの
である。したがって辛抱強くステークホルダーが話し合い，調整を繰り返すこ
とが，きわめて重要である。

　SDGsの遂行は，確かに簡単なことではない。様々な利害関係者が存在する
ため，すべての関係者に理解をしてもらうのは大変である。しかし，一つ一つ

理解を求めることで，SDGs遂行の道が拓けてくるのである。

（4）政府・行政の支援―SDGs推進企業には税・制度の優遇を―

　ステークホルダーの理解を求めたり，深めたりする意味においても，政府・行政がSDGs遂行を後押ししてくれることは，大きな力になる。税制優遇，補助金・助成金は強い説得力があると言ってよい。固定資産税の特例や投資促進税制など調べてみると数多くの制度が用意されている。

　税理士など専門家に相談するのも良いが，具体的な活動を示してアドバイスを求めることが肝要である。これらの促進策は新しいものであるので，情報を収集しながら，進めていくことが必要である。

図表3-4　SDGs実践の課題

株主価値経営の再台頭	⟶	2006年までの名残は継続している
営業価値追求との相克	⟶	営業価値の追求とバランスをとる
ステークホルダーの無理解	⟶	従業員，消費者，住民と常時対話
少ない政府・行政の支援	⟶	意義を説明し，支援をお願いする

（坂本恒夫）

経営者とSDGs①　言葉の認識の変化−「共感」と「社会」

　幸いにも，筆者はカンボジアの女性問題に向き合い（詳細は第11章で紹介），比較的早い段階でSDGsと出会い，SDGs先進国スウェーデンを訪問することができた。加えて，イギリス，スイス，オーストラリア，米国，アフリカ（ザンビア）に訪れ，それぞれの国のサステナビリティに触れられたことは，SDGsの理解を深めることに大いに役立った。これらの経験により，私のマインドセットが変わり，普段使っている言葉の定義も変わっていった。

　その一つは，「共感」ということである。SDGsを理解し取り組んでいくためには，社会問題や環境問題の背景を知るとともに，それらに晒されている人々や，そして傷んでしまった自然環境や生態系に対する共感力が問われる。そこには目をふさぎたくなるような痛ましい現実があり，私達そして次世代の生活や生命にかかわる問題でもあるという事実を認識しなければならない。「共感力」は，知恵と行動の原動力であり。「想像力」と「創造力」を育むと思うのである。まさにイノベーションの源泉である。

　そして「社会」という言葉。非常に抽象的で掴みづらい印象がある。「社会」には色々な枕詞がつき，様々なコミュニティーを意味する。私は，「社会」の定義を「自分の想いが届く範囲」としている。世界各地を訪れ，その地域の人々と触れあい，文化習慣に触れ，そこに自分の想いを残してきている。今でもカンボジアの女性たちはどのような暮らしをしているのだろうと思うし，SDGs先進国スウェーデンでの人々の暮らしがどのように変化しているだろう，日本も早くあのようなサステナブルな社会になればいいな，と思っている。「社会」をどう捉えるかで，思考・行動・発想の幅も深さも大きく変わってくる。

　平成の三十年間が過ぎ，令和になってもゼロ成長が続く日本は，産業構造や社会構造がすでに限界を迎えているのだろうし，SDGsに掲げる様々な問題が私達に次々と突きつけられている。グローバル時代においては，私達の経営や生活に関係ないと思ってきた世界の現象が，経営や生活を直撃する時代にもなってきた。時間軸，空間軸を長く大きく取り，世界の潮流や国際関係をしっかり見据え，私達が生きる日本，地域社会を統合して考えなければ，それらの問題を解決する糸口さえ掴めないと感じている。人口ボーナスに支えられた日本は，内向きで

あっても成長は可能であった。しかし，人口減少が加速するとともに規模の成長は限界を迎えている。しっかりと目を見開き，外をよく観察することが大切で，特に中小企業経営者にはビジネスチャンスを掴むための必須の要件だと思う。視点を多く持つこと，視野を広げること，そして視座を高めることが大切である。SDGsに向き合うということは，内向きの視線を外に向け，「社会」を大きくとらえることで，これまでにない発想や想像力を手にし，経営の質を高め，イノベーションを起こすチャンスでもある。経営者のマインドセット，共感力，そして企業組織全体でのマインドセット，共感力が，未来将来を決定づけると思うのである。SDGsはそのきっかけとヒントを私達に与えてくれているのである。

（安並　潤）

第 2 部

中小企業のSDGs　―事例紹介

第**4**章

株式会社いちいのSDGs

1　スーパーマーケットの今日的経営環境

　今日のスーパーマーケットがどのような経営環境におかれているかは，小売業界の現状を見れば，きわめて厳しいものであるということは十分に推察できる。

　Amazon.comなどのネット販売の急速な成長と拡大は，スーパーマーケットのリアル販売の活動領域を狭めているし，生鮮食料品以外の商品の品揃えの存在意義を薄めてしまっている。

　また，コンビニエンスストアの台頭は，少量だが低価格商品でコスト削減をすすめながら，高速回転経営によってスーパーマーケットの存在を脅かしている。さらに24時間販売の便利さは若者などの消費者ニーズをがっちりと掴んでいる。

　こうした状況の中で，福島県のスーパーマーケット株式会社いちい（以下，㈱いちい）は，どのように生き延び，そして活路を切り拓いていくのか。

㈱いちいは苦境に立たされていた。同社社長の伊藤信弘氏（64歳）は，この苦境を乗り切るために，経営戦略に関するいくつかの講演会にも顔を出して勉強を重ねていたが，ある講演会でSDGsの説明を聞き，決断をしたという。

とりわけSDGsの11番目の「住み続けられるまちづくりを」という目標は，伊藤社長の心を強く打ったという。＜よしこれで行こう＞ということで㈱いちいの経営方針は決まった。

2　住み続けられるまちづくりを

（1）株式会社いちいの経営展開

㈱いちいは，創業が1892（明治25）年である。海産物商（魚屋）としてスタートしたが，これまで様々な試みに挑戦しながら，地域スーパーとして成長してきた（「図表4‐1　㈱いちいの概要」を参照）。

図表4‐1　㈱いちいの概要

本社所在地	福島市さくら
代表取締役	伊藤信弘（64歳）
創業	1892（明治25）年
資本金	4,600万円（非上場）
年商	181億円（2019年度）
事業	スーパーマーケット，ペット，外食，ネット，移動販売

1981年には情報化に対応してコンピュータシステムを導入し，また2000年には物流センターを新築し，さらに2008年にはネット通販も開始している。

2011年の東日本大震災では，店舗や社屋が崩壊し，いったんは営業を終了したが，再発起し2014年には，後述する移動スーパーとくし丸1号車の営業を開始している。とくし丸は現在9号車まで台数を増やしている。また，2018年には株式会社鎌倉屋と業務資本提携をしている（「図表4‐2　㈱いちいの沿革」を参照）。

現在，本社は福島市さくらにある。資本金は4,600万円の非上場の地方の中小スーパーである。年商は，2019年度で181億円で，取引銀行は東邦銀行となっている。

図表4-2 ㈱いちいの沿革

1892（明治25）年	海産物商（魚屋）として開業
1969（昭和44）年	㈱いちい伊藤商店に組織変更
1973（昭和48）年	㈱いちいに名称変更
1981（昭和56）年	コンピューターシステムを導入
1982（昭和57）年	本店，福島市御山に移転
2000（平成12）年	本社および物流センター新築移転
2008（平成20）年	ネット通販「ワイン紀行」Yahoo!店オープン
2011（平成23）年	東日本大震災，建物崩壊，営業終了
2014（平成26）年	移動スーパーとくし丸1号車営業開始（現在9号車）
2018（平成30）年	株式会社鎌倉屋と業務資本提携

（2）買い物難民をつくらない

　言うまでもなく，日本の地方エリアにおけるビジネス展開上の問題は過疎化，高齢化である。福島県は，福島市や郡山市の市中においても，あるいは郊外の山間部においても，他府県以上に，過疎化・高齢化が進行している。特に東日本大震災以降は18万人の人口減少となっている。

　㈱いちいは，最初のSDGsとして，こうした人口減少著しい山間部の高齢者，いわゆる買い物難民への食糧品販売を行った。

　移動スーパー「とくし丸」は，＜買い物難民をつくらない＞という考えの下，いつでも（毎週2回），どこでも（自宅の前），何でも（スーパーの店頭に並んでいるもの）を，過疎地域の住民に届けるものである。

　「とくし丸」は，出版社「あわわ」の創業者住友達也が，2012年に徳島県から始めた。買い物困難者は全国に700万人いるというが，野菜，総菜，日用品など400品目を届けるというビジネスアイデアである。

　当初は店頭価格に+10円で販売していたが，2021年3月1日より+20円となっている。これは配送ドライバーの手数料となる。ドライバーは，注文も受ける

し，時には困りごとにも対応する。商品を届けるドライバーは，㈱いちいの社員ではない。独立した個人事業主であり，販売パートナーである。㈱いちいは360万円で商品を貸し出している。車は個人事業主のドライバー自身が購入する[1]。

訪問先である購入者は会費も必要ないし，また登録料もいらない。とくし丸は，鎌田，南福島など10エリアに分けて品物を届けている。

畳や絨毯を取り替えたいなどの個別の注文も受けて，地域になくてはならない存在となっている。

（3）NPOビーンズふくしまとの連携

＜住み続けられるまちづくりを＞という目標は11番目であるが，SDGsの1番目には，「貧困をなくす」，そして2番目は「飢餓をゼロにする」がある。㈱いちいは，これに対応するために，NPO法人「ビーンズふくしま」との連携に踏み込んだ。

NPO法人ビーンズふくしまは，不登校の子ども，ひきこもりの青少年への学習支援を展開している。福島市矢剣町を拠点とし，若月ちよが理事長を務めている。スタッフはフルタイムが37名，パートタイマーが9名である。

1998年フリースクールを設立し，若者の就労支援，子どもの学習支援を行っていたが，2018年から子ども食堂「よしいだキッチン」を開始した。

㈱いちいは，このビーンズふくしまと連携し，食品の寄贈，慈善ショップの場所提供などで支援を行っている。スーパーマーケットとして，直接の学習支援や食料支援はできないが，ビーンズふくしまと連携することによって，間接的に「貧困をなくす」「飢餓をゼロにする」支援事業に参加しているのである。

3　従業員の雇用の安定的確保

（1）桑折（こおり）町への進出

SDGsへの取組みは，大企業の場合資本市場での評価を高めることが，その

目的であるとされている。しかし，上場もしていない中小規模スーパーがなぜSDGsに挑戦するのであろうか。それは，従業員の安定的確保のためである。

㈱いちいは，2021年，阿武隈川沿いの福島盆地に位置する桑折町「福島蚕糸跡地」利用の誘致に応募し，スーパーマーケット事業，保育園事業，グランピング事業の計画で，入札を勝ち取った。

桑折町は人口11,289人の小さな町であるが，伊達氏発祥の地であり，かつての日本三大鉱山の一つ半田銀山の所在で有名である。江戸時代は奥州街道と羽州街道の交わる要所であった。連続20年皇室に桃を献上しており＜献上桃の郷＞としても知られている。りんご「王林」発祥の地でもある。

㈱いちいが同業のスーパーマーケット事業で進出するのは当然と思われるし，また最近流行のグランピングを含むアウトドア事業に進出するのも理解できる。しかし，保育園事業への進出は何故であろうか。

（2）働く女性への支援

ここで，㈱いちいの従業員構成を見てみよう。

同社の従業員の総数は，2020年 7 月31日時点で1,266名である。正規の社員は258名，契約社員は27名，そしてパートナーは703名，アルバイトは238名である。

このことから明らかなように，スーパーマーケット事業はパートナーやアルバイトが支えている。特に女性が売り場の販売員やレジカウンターを担っているのである。

したがって，女性の職業生活における活躍支援，そして次代を担う子どもたちを育てる次世代育成支援は，㈱いちいのスーパーマーケット事業に必須である。桑折町「福島蚕糸跡地」利用への進出で保育事業が計画されているのは，この女性活躍支援，次世代育成支援の重要な一環事業なのである。

（3）雇用確保のための行動計画

㈱いちいは，女性活躍支援と次世代育成支援のために，次のような「一般事業主行動計画」を立てている。

「社員が仕事と子育てを両立させることができ，社員全員が働き易い環境を

作ることによって，全ての社員がその能力を十分に発揮できるようにする。

　また，既卒者や若年者の就業体験を通じて安定した就労・生活を推進する為に，次のような行動計画を策定する。

1．計画期間　令和2年4月1日から令和5年3月31日までの3年間
2．内容
　　目標1　子どもを育てる従業員が利用できる企業主導型保育施設の設置
　　　　　　仕事と育児の両立や早期復帰しやすい環境の整備を実施
　　＜対策＞
　　令和2年4月　企業主導型保育事業への申込
　　　　　　　　関係機関との連携・調整を行う
　　令和2年9月　保育施設の建設に向けて契約等準備
　　令和2年10月　受け入れに向けての仕組み作り等準備

　　目標2　子どもを育てる従業員が利用できる社宅の制度作成
　　＜対策＞
　　令和2年6月　社宅の手配・整備を行う
　　　　　　　　規定の作成を行う
　　令和2年7月　子どもが生まれる労働者に対する社宅への希望を把握
　　　　　　　　貸与する
　　令和2年7月　状況を確認し規定の見直しを随時行う

　　目標3　計画期間内に，インターンシップと職場見学の受入を継続的に
　　　　　　実施し，学生や若年者の理解を深める（複数のコースを作成し，
　　　　　　多角的に知る機会を作る）
　　＜対策＞
　　令和2年7月〜　コース作成に向けて新入社員・内定者等ヒアリング
　　　　　　　　　複数コース作成と日程の設定
　　令和2年度〜　高校・大学へインターンシップ・職場見学の情報を継
　　　　　　　　　続的に発信し，就業体験の機会を提供する

以上が同社の行動計画である。」

（４）従業員の量的確保，および生産性向上

　以上のような，事業主行動計画は，SDGsの８番目「働きがいも　経済成長も」の目標に合致するものである。

　㈱いちいは，このように働く者への自立支援，子育ての協力支援を強化・整備することによって，従業員の量的確保，生産性向上に寄与していこうとしているのである。

　地方経済は慢性的な人手不足に悩んでいる。特にスーパーマーケット業界は，販売員などの人材確保は難しい。また，大卒者などは，この業種の販売員への就職は希望しない。事務職などの職種に希望が偏る。したがって，いかにして主婦層や母親層に求人を定着させるかが，大きな課題である。部分的な求人作戦よりも，SDGsを前面に出して仕事の意義を強調することが求められるのである。

　また，これは一般的な課題だが，子どもを持つ母親は，仕事中に子どもの様子が気になっては，仕事に打ち込めない。しっかりと保育園に預かってもらっているという安心感があることで，仕事に専念できて売り上げの向上に貢献できるのである。生産性の向上は，こうした従業員の精神的な負担の解消も大切なポイントである。

　したがって，㈱いちいの保育事業はスーパーマーケット事業と一体のものであり，桑折（こおり）町への進出においてスーパーマーケット事業と保育事業がセットとなっているのは，こうした背景が存在するからである。

4　地域社会を守る

　2021年12月1日から6日間，㈱いちいは，福島駅前（旧中合デパート）の街なか店で，＜福島物産展＞を開催した。

　物産店は，例えば東京では大手百貨店がたびたび開催し，＜北海度物産展＞などは多数の来客を迎えて人気企画である。しかし，地方では珍しく，特にスーパーマーケットが開催するのは，全国でも㈱いちいが初めてであった。

　当初は，開催を躊躇したが，市長など行政からも強い要請があり，開催に踏み切った。

　㈱いちいの開催要項によれば，「福島県の名産，老舗の味を一堂に集め，うまいもの」の集大成を作り上げ，福島のお客様にご紹介しこの催し事を不動のものとする」とある。

　福島県の主要都市は，福島市，郡山市，会津市，いわき市など，かなり拡散して点在している。これらの地域には，それぞれに有名な特産品があるが，同じ県といっても，遠くまでたびたび購入に訪れるわけにはいかない。物産展はこれらの特産品やうまいものを再発見して，福島の産業や事業を盛り立てていこうというものである。

　筆者も物産展を訪れ，会津柳津町の小池菓子舗の＜あわまんじゅう＞を購入したが，同店のコーナーには長蛇の列ができた。福島市の消費者が，福島駅前で会津の味を身近に楽しめるひと時であった。

　物産展は必ずしも経済採算性には合致しないが，地元の店舗が一堂に会して物産展企画を成功させるということは，きわめて意義深いことである。地元の再発見にも繋がるし，お互いに協力して物産を売り込んでいくというビジネスへの貢献度も高い。

　地域活動とは，地域で競争することではなく，地域との共存，奉仕，恕の精神，誠実さを育むものと言われるが，まさに物産展の催しは，その代表的なものであった（「図表4-3　㈱いちいのSDGsの主な内容—SDGs11　住み続けられるまちづくりを—」を参照）。

図表4-3　㈱いちいのSDGsの主な内容
　　　　　　　—SDGs11　住み続けられるまちづくりを—

・移動スーパー「とくし丸」2014年1号車営業開始（現在9号車）
　買い物難民をつくらない
・NPOビーンズふくしまとの連携「よしいだキッチン」の支援
　SDGs1　貧困をなくそう　SDGs2　飢餓をゼロに
・桑折福島蚕糸跡地利用（スーパーマーケット事業，アウトドア事業，保育事業）
　SDGs3　すべての人に健康と福祉を
　SDGs6　世界中に安全な水とトイレを世界中に
・その他
　次世代育成支援（大学との連携など）
　女性活躍支援
　福島物産展の開催，2021年12月，福島駅前街なか店
　　福島の名産，老舗の味の紹介

5　従業員，社員に自信と誇りを持ってもらう

　福島経済および福島企業にとってSDGsはどのような意義があるのであろうか。買い物難民をつくらない，貧困をなくす，飢餓をゼロにする，働く女性を支援する，名産などを再発見する，など，様々のものを指摘することができる。

　しかし，SDGsの意義はこれらだけにとどまらない。実は，㈱いちいの社員，従業員に大きなプラスの効果をもたらすのである。

　福島学院大学では15回の連携授業を㈱いちいと行ったが，爽やかであったことは，ゲストとして説明をする役員，従業員が全員自信と誇りを持って講義をしたということである。SDGsという，人類・社会共通の目標に自分たちも参加しているということ，会社のトップがこの目標を掲げて企業を経営しているという安心感である。

　会社の仕事がただカネ儲けや自分の生活のためだけで，この仕事をしていると思えば，毎日出勤しても，それほど楽しくはないであろう。しかし，買い物難民をつくらない，貧困をなくす，などの目標を会社が担っていると思えば，毎日頑張る自分を褒めてもやれるであろう。

SDGsの本当の意義は，従業員，社員に自信と誇りを持ってもらうということ，つまり地域の生活だけでなく，自分の生き方を守ることでもあるのである（「図表4-4　㈱いちいのSDGsの成果」を参照）。

図表4-4　㈱いちいのSDGsの成果

・買い物難民の解消
・㈱いちいの役員，社員の自信と誇りの醸成
・子ども食堂などの支援で飢餓などの軽減
・女性，次世代活躍支援
・地元店舗の相互協力

注————————————
1　中西正行「地方都市における小規模チェーン店の経営戦略—熊本市人吉市イスミ商事の事例—」林幸治編著　日本中小企業・ベンチャービジネスコンソーシアム著『新中小企業論』文眞堂，2021年。

（坂本恒夫）

第5章

倉敷国際ホテルのSDGs戦略

1　持続可能な観光（サステナブル・ツーリズム）

　国連は2017年を「開発のための持続可能な観光の国際年（International Year of Sustainable Tourism for Development）」と定め，国連世界観光機関（United Nations World Tourism Organization: UNWTO）がこの取組みを主導している。この取組みを契機に，観光産業においても持続可能な観光の実現に向けた取組みが求められるようになった。

　持続可能な観光とは，訪問客，業界，環境および訪問客を受け入れるコミュニティーのニーズに対応しつつ，現在および将来の経済，社会，環境への影響を十分に考慮する観光とされている[1]。国連世界観光機関では，経済，地域社会，環境のトリプルボトムラインといった視点で持続可能な観光が捉えられているが，日本では「地域社会」や「環境」といった視点からの施策等が少なく，持続可能な観光で世界に遅れを取っていた[2]。2020年6月，日本の観光庁では，各地方公共団体や観光地域づくり法人[3]（Destination Management

Organization: DMO）等が持続可能な観光地マネジメントを行うことができる
よう，国際基準に準拠した「日本版持続可能な観光ガイドライン（Japan
Sustainable Tourism Standard for Destinations（JSTS-D）」を開発した。同
ガイドラインに取り組んでいることを明示するロゴマークは，対外的なアピー
ルに活用でき，地域のブランディング力や国際競争力の向上が期待される。

　観光産業における持続可能性の強化と獲得は近い将来，ビジネスの必須要件
となると言われている。観光産業はSDGsや環境を意識しなければ成立しない
時代に向かいつつある。しかしながら，日本の観光産業は他の業種と比べて取
組みが著しく遅れていることが報告されている[4]。本章は，SDGs達成に向け
て日本の観光産業がどのように活動しているのかを概説したうえ，とりわけ，
倉敷国際ホテルの事例を中心に，分析する。

2　観光産業のSDGs取組み

　国連機関や観光庁の施策による影響もあるが，持続可能な観光が重要視され
るようになってきた背景には観光公害への危惧とエシカル意識の高まりがある
と考えられる。

（1）観光公害（オーバーツーリズム）

　観光公害とは，観光客や観光客を受け入れるための開発などが地域や住民に
もたらす弊害を公害にたとえた表現のことである。観光地は多数の観光客が訪
問し，様々な問題を引き起こす「オーバーツーリズム」の事例が増えている。
具体的には，現地住民が文化的に受け入れがたい行為の横行，観光客受け入れ
に伴う環境破壊や景観破壊，文化財や遺跡の想定を超えた傷み，観光客の受け
入れによる騒音，渋滞，排気ガス，ゴミのポイ捨てなどがある[5]。旅行や観光
では，地域の文化や環境，自然などを切り売りするものである。しかし自然や
文化，そして地域住民の生活環境を破壊し続けていては，観光地の存続が危ぶ
まれている。国連の持続可能な開発目標「SDGs」が課題となる中，持続可能
な観光地づくりが重視されるようになり，人々の行動が及ぼすインパクトを直

視するようになってきた。したがって，観光公害の影響で環境が汚染されたり，自然が破壊されたことを反省して，その土地にある本来の良さを取り戻すために住民と観光客が共存できるよう，各ステークホルダーが自身の行動を見直すことが必要になってくる。

（２）エシカル意識の高まり

　観光業界におけるSDGs取組みの背景の１つには消費者のエシカル意識の高まりがあると考えられる。自らの消費行動を通じて社会の課題解決に貢献したいという消費者のエシカル意識が高まり，エシカルを意識した消費行動が取られるようになってきている。特にコロナ禍以降消費者のエシカル意識がさらに高まっており，消費者庁が2020年８月に発表した「倫理的消費（エシカル消費）」に関する消費者意識調査報告書によると，６割の人がエシカル消費に興味があると回答，言葉の認知度は2016年度と比較して２倍以上に上昇している[6]。そして，日本経済新聞社は2021年11月に，1990年代半ば以降に生まれたＺ世代を対象に，彼らのライフスタイルや価値観について調査した結果，Ｚ世代の35％が「自らの消費行動を通して社会の課題解決に貢献したい」と回答するなど，社会や環境のサステナビリティ（持続可能性）への関心の強さが見られた[7]。このように，Ｚ世代が推進役として消費のあり方を変えようとしており，「消費者が自らの倫理的価値観に基づいて，社会や環境にプラスの影響を与えるモノやサービスを購入する（また，マイナスの影響を与えるモノやサービスを購入しない）こと」といったエシカル消費の傾向がみられるようになってきた。

　消費者庁はエシカル消費を，地域の活性化や雇用などを含む，人・社会・地域・環境に配慮した消費行動と定義している（図表５‐１）。エシカル消費の始まりは，1989年にイギリスにて創刊された「*Ethical Consumer*（倫理的消費者）」という雑誌とされている。欧州などのヨーロッパ地域のほうがエシカル消費についての概念は普及しているが，日本ではエシカル消費という言葉の認知度は高くないという状況にある。コロナ禍以降，若い世代を中心に環境や社会的影響に考慮した商品を使おうとする「エシカル消費」の潮流が高まりつつある。こういったエシカル意識の高まりは企業にとって，プレッシャーになる

とともに，企業のビジネスチャンスにもなる。各業界が積極的に倫理的な製品を扱うようになり，多種多様なエシカル・ラベル製品が市場に流通するようになった。そして，エシカル消費は，ファッションアイテムや食品にとどまらず，エシカルなサービスにも及んでいる。例えば，エシカルな旅などである。

　エシカル旅は明確に定義されておらず，人によってその定義が異なっている。エシカル消費の波及を受けたエシカル旅は旅行に関連するサービス提供者，例えば宿泊施設，交通機関などが環境や社会的影響に考慮して取り組んでいるかを，旅行者が意識した旅行のことと理解できる。旅行におけるエシカル意識の高まりを受けて，旅行代理店は商品開発において，「サステナブル」や「エシカル」をキーワードとし，旅行行動が公共交通機関，泊まるホテル，食事，そして現地の自然環境にどのような影響を与えるのかなどの説明に力を入れている[8]。

図表5-1　エシカル消費の分類

人・社会への配慮	・フェアトレード認証商品 ・売上金の一部が寄付につながる商品 ・障がい者支援につながる商品を選択する
地域への配慮	・地産地消 ・被災地で作られたものを購入することで被災地を応援する ・伝統工芸品を購入する　など
環境への配慮	・エコ商品を選ぶ ・お買物のときにレジ袋の代わりにマイバッグを使う ・資源保護の認証がある商品やCO_2（二酸化炭素）削減の工夫をしている商品を購入する ・マイボトルを利用する ・食品ロスを減らす ・電球を省エネLEDに交換する ・地域のルールに沿ったゴミの分別を徹底する　など

出所）消費者庁「みんなの未来にエシカル消費」パンフレット（caa.go.jp）2022年1月31日最終アクセス。

（3）持続可能な観光の実現に向けた各アクターの取組み・役割

　観光産業には旅行代理店，観光向け旅館・ホテル等，飲食業，観光向けの運輸業，お土産や名産品の製造業，観光地の娯楽・レジャー産業など極めて多岐

にわたる業種・産業が含まれている。持続可能な観光の実現には各アクターのそれぞれの取組みおよび連携が必要となる。

　では，旅行会社が旅行商品においてどのようにSDGsを取り入れているのか。例えば，様々なエネルギー効率化を図っている運輸関連機関や持続可能な観点を重視したホテルの選定，サステナビリティの基準を満たした現地ツアーの造成，実施などの商品開発に力を入れている。そして，顧客に対して，持続可能性のある旅行商品の重要性を伝えると共に，顧客のニーズに対応しうる持続可能性を重視した旅行商品の充実をはかり，持続可能な観光を追求する必要がある。持続可能性を重視した旅行商品の充実においては，旅行会社には宿泊業者，交通・輸送事業者に持続可能な商品開発の必要性を発信し，商品開発をつなぐ連携役としての役割が求められる。

　2021年9月に発表した「ホテル・旅館におけるSDGsに関する動向についての法人アンケートおよび市場調査」ではホテル・旅館を運営する企業の9割がSDGsの取組みの必要性を感じるという結果が報告され，宿泊業においてはSDGsへの注目度は非常に高いことが分かる[9]。SDGsの17の目標では，ホテル・旅館を運営する企業の目標として設定しやすい目標とそうでない目標があるが，基本的には事業を通じてSDGsの達成を目指している取組みが見られる。例えば，アメニティーの節約やシーツ等のエコ清掃関連に対する理解促進など「つかう責任」に基づく取組みが中心であり，歯ブラシなどのアメニティー用品のプラスチックごみをゼロにする目標を目指す。また，再生可能エネルギーの導入，リサイクルの推進，食品ロスの削減，地産地消の促進，地域イベント等への参加・協力なども積極的に推進している。

　そのほか，各アクターによって持続可能な観光のための資金提供やプロジェクトの実施，持続可能な企業として働きがいのある職場環境の整備，社員の性別・国籍・年齢・働き方の多様性の促進などの取組みも進められている。

（4）課題

　旅行・観光分野におけるSDGsへの取組みはどのような状況なのか。サービス提供する側はSDGsの重要性を理解しているが，SDGsへの取組みが組織内での取組みにとどまる傾向があると指摘されている[10]。例えば，多くの事業者

では，CSR活動の一環として，環境問題や従業員の就労環境改善など内部的な取組みが主で，SDGsに正対する活動はほとんど実施されておらず，SDGsを事業として成立させるまでには至っていないことが多い。その結果，これらの事業者のサステナビリティプログラムにおいて，同じような取組み，いわゆる「型にはまったSDGs」になっている。

SDGsの重要性について，サービスを受ける側では，前記のZ世代を中心にその認知度が高まっているが，全体的にみるとその割合が依然として低い。「旅行者のSDGsに対する意識調査」によれば，SDGsやサステナビリティに配慮した旅行に対する意向は，旅行の楽しみを阻害するものと考える人もいる[11]。また，SDGsに配慮した旅行の価格が通常の旅行価格よりも上昇するため，「価格が高くなるなら利用しない」と考える人も多い[12]。

3　株式会社倉敷国際ホテルのSDGs

ホテル業界はその規模からみると，国内大手ホテルチェーン，外資ホテルそして中小規模のホテル・旅館に分けられる。施設数や収容客数の多い大手企業の売り上げが拡大している反面，収容客数が限られる小規模企業は伸び悩んでいる状況が指摘されている。さらに，大手ホテルチェーンの展開や外資ホテルの参入により，旅館や小規模ホテルの倒産が増えている。

昨今，新型コロナウイルス感染症の拡大に伴い，インバウンドの激減，外出自粛要請による国内旅行者の減少はホテル業界に大きな打撃を与えている。コロナ禍で苦境に立たされているホテル・旅館の休廃業と解散が止まらない。一方で，コロナ禍で自然や環境への関心がより一層高まってきており，消費者の旅行に対する考え方も変わってきている。観光需要の見通しや誘客策などを検討する際に，旅行者の消費行動の変化に注目しなければならない。上述したように，観光産業のSDGsには様々なプレイヤーが存在しているが，ここでは宿泊業であるホテルにフォーカスし，倉敷国際ホテルの事例を中心に分析することとする。倉敷国際ホテルの事例は鳥生雅夫氏の講演とインタビューにもとづき，分析した。

倉敷国際ホテルは中小規模の宿泊事業者である。大手ホテルチェーンや外資ホテルと比較すると，中小規模の宿泊事業者は人材，予算の制約で，SDGsについて取り組める項目も限られていると考えられる。しかしながら，上述したようにエシカル消費を意識した旅行者の消費行動の変化に対応しなければ，コロナ禍収束後のインバウンドの誘客促進策が遅れてしまい，需要を取り込むことが難しくなる。もはやSDGsに取り組まなければ，ホテルは生き残ることが難しい状況にある。

　また，中小規模のホテルは従来の宿泊施設・サービスの提供という役割だけではなく，地域のコミュニティー機能，地域振興の役割なども重要視されている。よって，中小規模のホテルの持続可能な経営は地域にとっても重要である。

（1）企業概要

　株式会社倉敷国際ホテルは1963年 12月１日に創業し，本社を岡山県倉敷市に置く宿泊事業者である。株式会社クラレは主たる株主で，その持ち株比率が92％となっている。2021年９月時点では従業員数が183名（内パート121名）となっている。事業セグメントは，ホテル事業50％，旅館事業12％，支店事業38％で構成している。

　同社は宿泊サービスを提供する施設だけではなく，岡山県では倉敷市が初めて導入した救マーク認定施設である。救マーク認定とは，急病や大ケガをした場合にきちんとした応急手当ができ，なおかつ119番通報や救急隊の誘導など，スムーズに救急隊に引継ぎができる施設に交付される認定制度である。また，倉敷国際ホテルは地域に密着した企業で，地域の住民に交流の場を提供する役割も果たしており，「倉敷と共に歩む心豊かなおもてなし」の企業スローガンを掲げている。

（2）サステナビリティプログラム

　SDGsの取組みについては，同社は，ホテル事業を通して持続可能な社会の実現に貢献すると掲げている。具体的には，図表５-２に記載されているようにSDGsの17目標に取り組んでいる。これらの取組みをみてみると，他の会社のSDGs取組みに類似しており，「型にはまったSDGs活動」と思われる。また，

同社のウェブサイトにおけるサステナビリティプログラムの掲載は2021年9月に始まった（図表5-2）。SDGsに取り組み始めたきっかけは旅行代理店を介しての海外のお客様よりの問い合わせであった。その問い合わせを機に，SDGsについて調べ，取り組み始めたという[13]。そして，SDGsについて学習していくうちに，「SDGs取組みの重要性に気づき，取り組まないと生き残れない」と実感したという[14]。

図表5-2 サステナビリティプログラム

地域と共に生きます

- 地産地消の取り組み
- 地域イベントへの参加
- 地域文化保護活動への参加
- インターンシップ受入れ

SDGsゴール

安全・安心を確保します

- 食の安全対策
- 災害対策
- 情報セキュリティ対策
- 感染症対策

SDGsゴール

環境を守ります

- 食品ロスの削減
- 廃棄物の削減
- プラスチック製品の使用削減
- 省エネ化の推進

SDGsゴール

働きがいのある職場を作ります

- ワークライフバランスの推進
- ハラスメント対策
- 継続的な従業員教育
- コンプライアンスの徹底

SDGsゴール

出所）倉敷国際ホテルHP
https://www.kurashiki-kokusai-hotel.co.jp/SDGs/（2022年1月31日最終アクセス）

（3）高梁川流域におけるSDGsの達成に向けての取組み

① 高梁川流域のSDGs

　倉敷市は2020年7月に「SDGs未来都市」「自治体SDGsモデル事業」に選定された。SDGsの推進により，倉敷市・高梁川流域の「みらいを，みんなで」つくっていくため，SDGsの理解促進や倉敷市・高梁川流域においてSDGsの達成に向けて取り組む団体等との連携促進を図り，持続可能なまちづくりを進め

ている。そして，「倉敷市・高梁川流域SDGsパートナー制度」をスタートした。このパートナー制度は，倉敷市とともに，SDGsの理念を踏まえ，SDGsの達成に向けて取り組む団体等を「倉敷市・高梁川流域SDGsパートナー」として登録し，経済・社会・環境の三側面の調和を図りながら，高梁川流域圏の地域課題の解決に向けた取組みやSDGsの普及啓発など，SDGsの達成に向けて推進することを目的としている。倉敷市・高梁川流域においてSDGsの達成に向けて取り組む企業（個人事業主を含む）や教育機関，その他団体を「倉敷市・高梁川流域SDGsパートナー」として募集している。そして，パートナーへの登録により，取組み等をウェブサイトなどで広く発信するほか，「みらいを，みんなでSDGs　倉敷市・高梁川流域」ロゴマークを使用することができる。2022年1月17日現在では，152団体がこの制度に賛同し加入している。

　岡山県の中西部には全国屈指の観光地の倉敷市をはじめ，個性的な10個の市町があり，北から南にかけて一級河川の高梁川が流れている。この流域を高梁川流域と呼ぶ。気候や風土も異なるこれらの高梁川流域圏7市3町が連携することにより，多種多様な資源や魅力を最大限に活かし，活力ある経済・生活圏として発展していくことが目標とされている。高梁川流域を環境と観光の共生地とし，地域連携の取組みを推進し，観光が自然環境に配慮しつつ，地域の雇用や収入を生み出し，その持続可能な発展の推進力となるというのがコンセプトである。

　　高梁川流域マップは，「高梁川流域圏成長戦略ビジョン」の圏域全体の経済成長に資する事業として，高梁川流域の雄大な景観や歴史的な名所，文化施設など，圏域の魅力を発信しています。
　　圏域住民の地域への愛着心と誇りを醸成するとともに，圏内外からの集客促進を図ること，また圏域の子どもたちが高梁川流域の魅力に触れることで，子どもたちの豊かな人間性を養うことを目的としています。

出所：https://map.takahashiryuiki.com/（2022年1月31日最終アクセス）

② 　倉敷国際ホテルの高梁川流域の取組み
　同社は2021年，宿泊事業者として一般的にみられるSDGsの取組みをスター

トした。これらの活動はどの会社のホームページをみても，同じような「型に
はまったSDGs」取組みである。会長である鳥生雅夫氏が「型にはまった
SDGs」だけではなく，地域の課題に着目するようなSDGsも必要と考えた。こ
うした中，始まったのが高梁川流域におけるSDGsの達成に向けての取組みで
あった。

　一般社団法人日本立地センター『2020年度 中小企業のSDGs認知度・実態等
調査』によれば，中小企業のSDGs取組みにおいては，経営資源の制約（資金，
人材，技術），取り組むメリットが明確にならない（途中で挫折してしまうと，
費用も時間も無駄になってしまう），社内の理解度が低い（従業員に手間／負
担がかかる），事業との関連性が弱い，「何から始めればいいのかわからない」
「取り組み方がわからない」などの課題がある[15]。

　倉敷国際ホテルは計画・実行に当たって，外部の専門家に頼らず，各部署か
ら人材を集め，タスクフォースを形成して取り組んでいる。前記のように，従
業員数が183名（内パート121名）と人材の側面においては制約があった。しか
しながら，コロナ禍の影響で来客数が減少したため，人的側面や時間的な余裕
があったという。

③　取組みの意義
　繰り返しになるが，観光産業は地域文化，環境を切り売りにしており，持続
可能な経営の視点からみても，それらを取り巻く環境の保護が重要になる。し
たがって，高梁川流域の取組みを通して，下記「9. 産業と技術革新の基盤を
つくろう」，「11. 住み続けられるまちづくりを」，「13. 気候変動に具体的な対
策を」の3つの目標を達成できる。

　9. 産業と技術革新の基盤をつくろう
　・観光資源の循環を促す
　11. 住み続けられるまちづくりを
　・居住環境の改善
　・持続可能なまちづくり
　・未来人材の育成，地域の住民参加推進

13. 気候変動に具体的な対策を

・地域の自然環境や地場産業など，貴重な資源を次世代に受け継ぐこと

図表5-3　高梁川流域におけるSDGsの達成に向けての倉敷国際ホテルの取組み

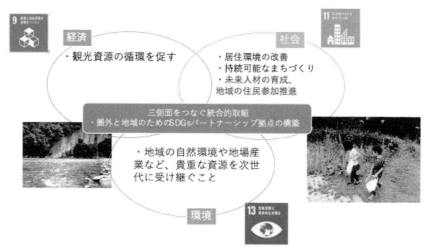

出所）筆者作成。

　宿泊施設や旅ナカ体験，旅行中のシームレスな移動手段を提供する世界最大級の宿泊予約サイトBooking.comの日本法人ブッキング・ドットコム・ジャパン株式会社が実施した2021年度版の「サステナブル・トラベル」に関する調査では，サステナブルな宿泊施設を選ぶ重要性を認識している旅行者の割合は全体の81％に上っている[16]。そして環境に優しい宿泊施設と認識されれば，社会的認知の向上や，ビジネスチャンスの拡大につながる効果があると考えられる。また，「倉敷市・高梁川流域SDGsパートナー制度」のもと，高梁川流域に取り組むということは，圏外と地域のSDGsパートナーシップ拠点を構築できると考えられる。

　したがって，これは地域に根ざし，地域ならではの資源や文化を護り育てようとする取組みであるといえよう。3つの目標の達成によって，地域内で経済が循環し，雇用が生まれて暮らしていける環境をつくるという地域経済圏ネットワークの構築につながる。地域経済圏同士をつないで各地の特産品の地域間

流通を促す。観光客の相互交流が進み，訪問体験を契機に地域ごとの魅力が広まり，観光公害の解消や地方創生につながることが期待できる（図表5-3参照）。

④ 課題

中小企業はSDGsに取り組んでいるが，エシカルに配慮する姿勢や，アイテムの魅力などを広く伝えるためにはどのようにエシカルに配慮しているのか，取組みの背景やストーリーなどを情報として発信していくことが重要である。しかしながら，倉敷国際ホテルは高梁川流域を取り組んでいるものの，その取組みについての情報を発信していない状況にある。また，コロナ禍の影響で人的側面や時間的な余裕があったため，SDGsに取り組むことができたというが，コロナが収束したあと，それらの取組みを持続できるかが懸念される。

4 おわりに

新型コロナウイルス禍で変わる社会や消費者の行動をどう成長につなげるのかが重要になってくる。特に観光産業では海外客や若年客の獲得にはSDGsという切り口が欠かせないため，SDGs取組みを通じて，海外から観光・ビジネス客が地域を訪れるきっかけになると期待できる。しかし，宿泊事業者は旅行者に対してサステナブルな取組みに関する情報を十分に発信できておらず，また旅行者が宿泊施設を選択する際に簡単にサステナブルな取組みについての情報にアクセスできないという課題が存在している。これについては，自治体や旅行会社が中小事業者でのSDGs取組みを発信し，見える化に繋がるような支援を提供することが課題解決のポイントとなる。

注────────────
1　国連世界観光機関（UNWTO）（https://unwto-ap.org/why/tourism-definition/ 2022年1月31日最終アクセス）。
2　国土交通政策研究所（2018）「持続可能な観光政策のあり方に関する調査研究」kkk146.

pdf（mlit.go.jp）。

3　DMOとは，Destination Management Organization（観光地域づくり法人）の頭文字の略で，観光物件，自然，食，芸術・芸能，風習，風俗など当該地域にある観光資源に精通し，地域と協同して観光地域づくりを行う法人のことである。

4　立教大学観光学部・㈱JTB総合研究所（2021）「観光産業におけるSDGsの取り組み推進に向けた組織・企業団体の状況調査」（https://www.tourism.jp/tourism-database/survey/2021/06/sdgs-and-tourism/　2022年1月31日最終アクセス）。同調査によると，業種別では，最も低かったのは観光産業（20.3％）で，特に旅行業は最も低い結果（6.0％）となった。回答した旅行業の企業は76.5％が従業員数10人以下で，SDGsへの取組みに十分なリソースを割けない可能性があるとしている。

5　例えば，日本の原風景ともいうべき美しい景観をなすその合掌造り集落が評価され，1976年に重要伝統的建造物群保存地区として選定され，さらに1995年には五箇山（富山県）と共にユネスコの世界遺産（文化遺産）に登録された白川郷・五箇山の合掌造り集落は国内外から毎年多くの観光客が訪れている。ピーク日には住民約600人の地域に7,000人近くが訪れ，1～2時間の交通渋滞のほか，安全面が危惧されるほどの混雑が問題になっていた。

6　「倫理的消費（エシカル消費）」に関する消費者意識調査報告書（caa.go.jp）2022年1月31日最終アクセス。

7　「Z世代の買い物，社会課題を意識，「消費で貢献」3割，購入の参考「インスタ」最多」，『日本経済新聞』2022年1月1日朝刊。

8　例えば，エイチ・アイ・エス（HIS）スタディツアーデスクは2020年3月12日，観光を通じて持続可能な社会を考え，触れる“エシカルツアー”として，「東北の循環型ビジネスと伝統的なものづくりをめぐる旅」を売り出した。「HIS，観光で持続可能な社会を考えるエシカルツアー売り出す　利用者にものの選び方など身近にしてもらう狙い」，『旬刊旅行新聞』2020年3月12日。

9　矢野経済研究所（2021）「ホテル・旅館のSDGsに関する法人アンケート・市場調査」（https://www.yano.co.jp/press-release/show/press_id/2872　2022年1月31日最終アクセス）

10　岡田美奈子（2019）『SDGs達成に向けた旅行・観光分野の役割～「SDGs達成に貢献する旅行」への意識に海外と日本で大きな差～』，JTB総合研究所。（https://www.tourism.jp/tourism-database/column/2019/10/sdgs-tourism/　2022年1月31日最終アクセス）

11　脚注10に同じ。

12　脚注10に同じ。

13　鳥生雅夫「コロナと戦う倉敷国際ホテル」講演資料，日本労働科学学会イブニングセッション，2021年9月16日。

14　脚注13に同じ。

15　一般財団法人日本立地センター『2020年度 中小企業のSDGs認知度・実態等調査』

16　しかしながら，サステナブルな宿泊施設での滞在を希望する旅行者の数も世界と比べると依然日本では低い傾向にある。世界の旅行者の81％は「今年はサステナブルな宿泊施設に滞在したい」回答したが，日本の旅行者のわずか36％が滞在を希望している（https://news.booking.com/ja/sustainable-travel-report-2021/　2022年1月31日最終アクセス）。

（徐　玉琴）

第**6**章

滋賀銀行の責任銀行原則の戦略

1　金融機関を取り巻く環境の変化

　金融機関の基本的なビジネスモデルは，短期金利で集めた預金を中長期の金利で貸し出し，その利鞘で利益を上げていくというものである。しかし，2016年2月にはマイナス金利を導入するなど，日銀が金融緩和政策を続けていることや金融機関の間での金利競争によって，貸出金利回りが低下し続けており，利益を上げにくい状況にある[1]。地方銀行の貸出の平均残高は，2010年度は153.7兆円であったのに対し，2019年度は215.6兆円まで増加している一方，貸出金利は，2010年度は1.82％であったものの，2019年度には1.05％まで下落している。貸出額の伸び以上に貸出金利の下落の影響が大きく，低金利の継続が予想され，利鞘による収益の上昇は見込みにくい[2]。実際，地方銀行の貸出金利息による収益の推移をみると，2010年度の2兆8,052億円から，2019年度は2兆2,811億円，2020年度は2兆1,951億円まで低下している[3]。さらに，地域からの人口流出による人材不足，地域を支える中小企業の後継者難によって，

地方銀行にとっては特に厳しい状況である。

　このような状況において，早い段階からCSR経営・環境経営の実践を掲げ，国連でSDGsが採択されて以降は，責任銀行原則に日本の地方銀行としては初めて署名し，SDGs達成に向けた取組みを積極的に行うことで企業価値向上を目指している滋賀銀行の事例を紹介する。

2　滋賀銀行のCSRへの取組みの歴史的変遷

（1）CSR経営・環境経営の実践

　滋賀銀行は，彦根市に本店を置く株式会社百卅三銀行と近江八幡市に本店を置く株式会社八幡銀行が対等合併し，1933年10月に設立されている。1966年1月には，「自分にきびしく　人には親切　社会につくす」という行是を発表し，現在のSDGsへの取組みにつながる基本的な理念が定められている[4]。

　同行は，琵琶湖を擁する滋賀県の地元銀行として，環境を重視する方針を早い段階から打ち出しており，例えば「環境方針」が1999年10月に，その後の2005年12月には「しがぎん琵琶湖原則（PLB：Principle for Lake Biwa）」の3原則が制定されている。

　PLBは，CSRを全うし，持続可能な企業と地域社会の実現のために策定したものであり，取引先にこの理解と協力を求めるものである。PLBは，①環境保全に役立つ環境配慮行動を組み込んだ生産・販売・サービス基準を策定すること，②環境配慮行動とビジネスチャンスの両立を目指すこと，③環境リスクを軽減し持続可能な地域社会を実現すること，の3原則を示し，賛同企業に対しては，独自のPLB格付を実施し，「琵琶湖原則支援資金」の借入の際にはそのレベルに応じた金利引き下げを行っている。具体的には，PLB格付レベル4は「今後の取組みに期待」として0.2％の金利優遇幅が適用され，格付レベル3は「取組みが普通」として金利優遇幅が0.3％，格付レベル2は「取り組みが十分」と評価し0.4％優遇，格付レベル1は「取組みが先進的」と評価し0.5％優遇となっている[5]。

年	概要
1984	社会福祉法人 しがぎん福祉基金 設立
1999	「環境委員会」設置 「環境方針」制定
2000	「ふれあい環境室」設置 ISO14001 認証取得
2001	「UNEP（国連環境計画）金融機関声明」に署名（日本の市中銀行で初）
2004	「CSR委員会」「CSR室」設置
2005	「しがぎん琵琶湖原則（PLB）」策定，「琵琶湖原則支援資金」取扱開始
2007	「CSR憲章（経営理念）」と「滋賀銀行の行動規範」制定 「カーボンニュートラルローン未来よし」取扱開始
2008	環境省より「エコ・ファースト企業」に認定（2019年に更新）
2010	「環境方針」改訂 「生物多様性保全方針」制定
2013	営業統括部に「地域振興室」設置（地方創生の支援）
2014	CSR私募債「つながり」取扱開始（関西地銀として初） 「第17回 環境コミュニケーション大賞」でダブル受賞
2015	「環境人づくり企業大賞2014」最優秀賞を受賞
2016	「第4回持続可能な社会の形成に向けた金融行動原則」グッドプラクティスに選定 「次世代育成支援対策推進法」に基づき「プラチナくるみん」に認定
2017	「しがぎんSDGs宣言」を表明（地銀初）
2018	ニュービジネスサポート資金（SDGsプラン）取扱開始（日本初のSDGs貢献事業対象融資商品） SDGs私募債，SDGs医療機関債取扱開始 第2回「ジャパンSDGsアワード」で特別賞「SDGsパートナーシップ」受賞
2020	「責任銀行原則（PRB）」署名（地銀初） 「『しがぎん』サステナビリティ・リンク・ローン」取扱開始（地銀初） 「サステナビリティ方針」制定 「環境方針」改定 「CSR委員会」を「サステナビリティ委員会」に改組 「サステナブル戦略室」「デジタル推進室」を設置 「第1回ESGファイナンス・アワード・ジャパン」融資部門で「銀賞（環境大臣賞）」受賞
2021	「『しがぎん』サステナビリティ・リンク・ローン"しがCO₂ネットゼロ"プラン」取扱開始 「第2回ESGファイナンス・アワード・ジャパン」間接金融部門（地域部門）で「金賞（環境大臣賞）」受賞

出所）西藤（2020），滋賀銀行ホームページ，CSRレポート等を基に作成。

2007年4月には，これら同行が果たすべき社会的責任を一層明確にするため，「CSR憲章」を制定している。ここには，「私たちは，伝統ある近江商人の『三方よし（売り手よし，買い手よし，世間よし）』の精神を継承した行是『自分にきびしく　人には親切　社会につくす』をCSR（企業の社会的責任）の原点とし，社会の一員として「共存共栄」を実現してまいります」と明記されており，顧客の信頼と期待に応えるための「地域社会との共存共栄」，役職員一人ひとりの働きがいのある職場づくりに努める「役職員との共存共栄」，琵琶湖畔に本拠を置く企業の社会的使命としての環境経営を実践する「地球環境との共存共栄」の実践に努めている[6]。

　2010年4月には，「環境方針」を改訂し，地球温暖化防止や生物多様性保全に向けた取り組みの実現に努めており，関連して，同年8月には「生物多様性保全方針」を制定している。ここで，生物多様性の保全及びその持続可能な利用に貢献する活動を展開すること，生物多様性保全への取り組みを拡大・強化していくこと，環境対応型金融商品・サービスの開発や提供の充実に努め「生物多様性と経済の調和」を図ること，を掲げている[7]。

（2）SDGs達成に向けた取組みへ

　前節の通り，滋賀銀行は早い段階からCSR経営・環境経営を実践してきた。国連サミットで2015年9月にSDGsが採択された後，同行は「しがぎんSDGs宣言」として，2017年11月に地銀で初めてSDGs達成に向けた取組みを表明している。宣言の内容は，以下の通りである[8]。

　「"しがぎん"は，CSR憲章（経営理念）に掲げる『共存共栄』の精神のもと，国連が提唱する持続可能な開発目標（SDGs）を私たちの企業行動につなげ，地域の社会的課題解決と経済成長の両立をはかり，持続可能な社会の実現に努めてまいります」

　重点項目として，社会課題の解決とイノベーション促進による新たなビジネスモデルを創出する「地域経済の創造」，環境経営を軸としたCSR経営を追求，持続可能な社会の実現に努める「地球環境の持続性」，ダイバーシティの推進，生きがい・働きがいのある職場環境づくりを目指す「多様な人材の育成」の3つを挙げている。同行は，SDGsに業務を紐づけ，17の目標との関連を明確化

し，SDGsを経営に統合させることを掲げている。同行はこの宣言以降，「ニュービジネスサポート資金（SDGsプラン）」，サタデー起業塾「SDGs賞」新設，エコビジネスマッチングフェアの開催，SDGs私募債など新たな取組みを始めているが，このうち，「ニュービジネスサポート資金（SDGsプラン）」と「SDGs私募債」を簡単に紹介する。

① 「ニュービジネスサポート資金（SDGsプラン）」

　「ニュービジネスサポート資金（SDGsプラン）」は，日本初のSDGsに貢献する事業を対象にした融資商品であり，原則として創業1年以上の業歴を持ち，成長が見込まれる創造的事業を営んでいる，さらに，持続可能な社会づくりに貢献できる事業を営んでいる中小企業や個人が対象となるもので，融資額は1億円以内，所定の金利より最大0.3％が優遇される（変動金利）。この融資商品で資金調達を実施した企業例としては，株式会社ウイルステージ（滋賀県草津市）が第1号案件として挙げられる。同社は，水浄化システムの開発を行っており，SDGs目標6（安全な水とトイレを世界中に）に貢献するものとして評価されている。その他，青果物の革新的な鮮度保護フィルムの開発を行っている日産スチール工業株式会社（京都府木津川市）など，2018年10月末時点で合計12件，1億6,900万円を融資した。実際は他行ではこれよりも低い金利のローンもあるが，企業としてはSDGsに積極的に取り組んでいるとアピールできる[9]。

② SDGs私募債「つながり」

　SDGs私募債「つながり」は，SDGsの普及拡大と社会的課題解決の取組みを応援するため，SDGsの主旨に賛同することを表明した企業が私募債を発行する際，発行額の0.2％相当を滋賀銀行が拠出し，地域貢献するNPO法人や学校などに寄付する仕組みの商品である。同行は2014年には関西の地銀として初めてCSR私募債の取扱いを開始しており，これを発展させたのがこのSDGs私募債である。発行条件は，銀行保証付私募債の場合，発行額が5,000万円以上10億円以内，償還期限は2〜5年，償還方法は満期一括または定時償還，固定金利となっている。発行企業としては，前述のニュービジネスサポート資金

（SDGsプラン）と同様，SDGsへの取組みのアピールができることに加え，適債基準を満たす優良企業であることを証明できるなど，企業イメージの向上につなげることができるというメリットがある[10]。2020年度のSDGs私募債発行件数は62件，発行総額は61億円であった。2021年3月末現在，CSR私募債からの累計発行額は580件，発行総額は506億円，寄贈・寄付総額は7,961万円相当となっている[11]。

　このような取組みのほか，SDGs達成に向けた取組みが世界的に進展していくことに伴い，地方銀行や信用金庫は，LGBT（性的少数者を表す言葉の一つ）のカップルが住宅ローンを利用できるようにする対応を進めている[12]。滋賀銀行は2018年9月から，いち早く同性パートナーを互いの連帯保証人の対象とする住宅ローンの取り扱いを開始している[13]。これらの取組みなどが評価され，同年12月にジャパンSDGsアワードのパートナーシップ賞を受賞している。

（3）責任銀行原則（PRB）への署名

　「責任銀行原則（PRB：Principles for Responsible Banking）」は，国連環境計画・金融イニシアティブ（UNEP FI）が運営しているものであり，金融機関として社会の持続的な発展を目指し，SDGsやパリ協定などで示されている目標の達成に向けて，経営にポジティブ，あるいはネガティブなインパクトを及ぼし得る分野を特定し，その分野について戦略・目標を設定，取組みを推進し，その内容について透明性のある開示を行うための枠組みである[14]。PRBに署名すると，6つの原則への遵守が求められる（図表6-2参照）。

　滋賀銀行はPRBに2020年2月に署名しており，2019年9月の当該原則発足以来，国内地銀では初であった。同行は，PRBのフレームワークを活用することで，社会の変革に向けた資金の自律的好循環を生み出し，地域のステークホルダーとともに地域社会の持続可能な発展を目指していくことを宣言している[15]。

　機関投資家が短期的な視点で株主利益を投資先企業に求め，企業はそれら株主に報いるため，取引先へのさらなる価格引き下げ要求や正社員ではなく非正規社員を増員させるなど，ステークホルダーの犠牲の上でコスト削減を行い，

図表6-2 PRBの6つの原則

原則	内容
1 整合性（アラインメント）	事業戦略を，SDGsやパリ協定及び各国・地域の枠組で表明されているような個々人のニーズ及び社会的な目標等と整合させ，貢献できるようにする
2 インパクトと目標設定	銀行業務によって発生するポジティブインパクトの増大及びネガティブインパクトの低減を評価する。そのための，目標を設定し，公表する
3 顧客（法人・リテール）	顧客と協力して，持続可能な慣行を奨励し，現在と将来の世代に共通の繁栄をもたらす経済活動を可能にする
4 ステークホルダー	これらの原則の目的を更に推進するため，関係するステークホルダーと積極的に協力する
5 ガバナンスと企業文化	効果的なガバナンスと責任ある銀行としての企業文化を通じて，これらの規則に対するコミットメントを実行する
6 透明性と説明責任	これらの原則の個別および全体的な実施状況を適切に見直し，ポジティブ・ネガティブインパクト，および社会的な目標の貢献について，透明性を保ち，説明責任を果たす

出所）環境省 大臣官房 環境経済課 環境金融推進室（2021），22ページより引用。

利益を上げていた[16]。このような短期的視点での経営がリーマンショックを引き起こしたため，例えば機関投資家のあるべき姿を定めた「スチュワードシップ・コード」が2014年に制定されているように，近年では中長期的，持続的な視点が重視されており，この流れの中で，「サステナビリティ」という言葉も注目されている。サステナブルな社会の実現に向けて，環境・社会・ガバナンスを考慮した投資を実施するESG投資も拡大している。

　滋賀銀行は，企業によるESGへの取組みを促進させていくため，2020年9月に「サステナビリティ・リンク・ローン（SLL）」を地方銀行として初めて商品化した。これは，事前に設定された目標の達成に応じて金利が変動する融資であり，基本条件として，融資金額は5,000万円以上，融資期間の限定はなく，また，従来の環境融資（グリーンローン）とは異なり，資金は「環境」などの限定はなく事業資金として使用可能である。一方で，毎年1回，挑戦目標に関する指標の開示が求められること，ストラクチャリング手数料（融資実行時），モニタリング手数料（毎年11万円）が発生する[17]。SLLの仕組みは図表6-3の通りであり，①滋賀銀行と融資先企業で融資契約と温室効果ガス削減などの

挑戦目標（サステナビリティ・パフォーマンス・ターゲット：SPTs）の設定，②第三者機関による目標の妥当性の検証，③融資先企業による滋賀銀行への取組み状況の報告，④優遇金利の上下，という流れである。目標の妥当性を検証する第三者機関として名前が挙がっている「しがぎん経済文化センター」とは，1984年に滋賀銀行の創立50周年を機に調査部の一部を分離・独立して設立された機関であり，1985年に文化センターと会員相互をつなぐ親睦組織「KEIBUN友の会」を設立している。

　SLLは，国際組織であるローン・マーケット・アソシエーション（LMA）が2019年にSLL原則を定めて以降，欧米を中心に取扱いが増加している。100億円規模の融資も多いメガバンクに比べて，中小企業も活用しやすい金額となっており，場合によっては，企業の目標達成を支援するSDGsコンサルティング業務を活用する[18]。

図表6-3　滋賀銀行のSLLの仕組み

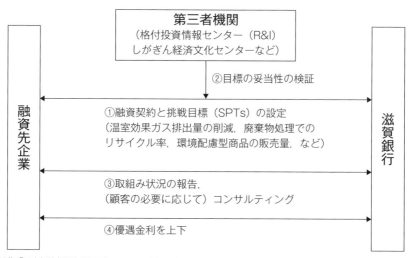

出所）「日本経済新聞」2020年9月12日付，滋賀銀行ホームページをもとに作成。

　滋賀銀行によるSLLを活用し，大企業だけでなく中堅・中小企業も資金調達を行っている。上場企業を除いたSSL組成企業は，図表6-4の通りである。地銀によるSLL商品化第1号である株式会社山﨑砂利商店への融資から始まり，

図表6-4 滋賀銀行によるサステナビリティ・リンク・ローンの組成先

日付	融資先	SPTs（サステナビリティ・パフォーマンス・ターゲット）	融資額	備考
2020.9.17	株式会社山﨑砂利商店	汚染土壌リサイクル事業における「汚染土壌のリサイクル率の向上」	5億円	地銀による商品化第1号，運転資金に充当
2020.11.30	シン・エナジー株式会社	地域の事業体と共同で実施する再生可能エネルギーによる発電所の建設件数及び新電力事業部が推進する地域新電力プロジェクトの組成件数	25億円	シンジケートローン方式（参加金融機関：地方銀行16行），運転資金に充当
2021.1.25	株式会社T'STILE	「建設混合廃棄物の排出率（全建設廃棄物排出量に対する建設混合廃棄物排出量の割合）」と「ネット・ゼロ・エネルギー・ハウス（ZEH）の建築戸数」	5,000万円	KEIBUN連携型での実行は本件が初
2021.3.31	キタイ設計株式会社	グリーンインフラに関する調査・設計業務の件数と売上高	―	
2021.3.31	草津電機株式会社	事業所からのCO_2排出量削減	5億円	「"しがCO2ネットゼロ"プラン」の第1号
2021.6.24	株式会社タカハシ	太陽光発電パネルの総設置容量累計の増加率	8,000万円	
2021.7.30	ヤマト住建株式会社	ZEH（ネット・ゼロ・エネルギー・ハウス）の受託率について2021年度から2025年度にかけて毎年80％を達成すること	2億円	
2021.9.28	株式会社吉銘	集成材の製造における国産材の利用割合	―	建材業界におけるSLLは初
2021.9.30	神港精機株式会社	CO_2排出量（原単位ベース）の削減率	1億5,000万円	"しがCO2ネットゼロ"プラン
2021.9.30	株式会社千成亭風土	CO_2排出量（原単位ベース）の削減率	1億円	"しがCO2ネットゼロ"プラン
2021.10.26	株式会社エコスタイル	低圧太陽光発電パネルの施工容量数	―	地方銀行13行によるシンジケートローン形式で組成

注1）本リストには，滋賀銀行が実施したSSLから上場企業向けのものを除いただけであるため，中小企業庁が定義する「中小企業」以外のものも含まれている。
注2）融資額が公表されていないものは「―」で示している。
出所）滋賀銀行ホームページ「ニュースリリース」を基に作成。

2020年11月には，シン・エナジー株式会社に対し，国内初の地銀のみのシンジケートローン形式によるSLLを組成・実行している。さらに，2021年3月には，滋賀県内に事業所を有する顧客を対象とした，「CO$_2$削減」に関連する事業挑戦目標（SPTs）の達成状況と融資条件が連動する仕組みの融資商品「"しがCO$_2$ネットゼロ"プラン」の取扱いを開始し，同プランで草津電機株式会社へ融資を実行している。

　また，サステナビリティへの取組みをさらに明確にしていくため，滋賀銀行は，「サステナビリティ方針」を2020年10月に制定している。

　「私たちは，行是『自分にきびしく　人には親切　社会につくす』を原点とするCSR憲章（経営理念）の実践を通じて企業価値の向上を目指すとともに，地域との共創により持続可能な社会の実現に貢献します」と明記されたこの方針は，①マテリアリティ（重要課題）の特定と事業活動を通じた地域の課題解決，②事業活動による社会的インパクトを重視した経営，③地球環境の保全・再生に資するビジネスモデルの確立，④人権の尊重と社会との信頼関係の構築，⑤自ら考え行動できる人材の育成と職場環境の整備，の5つを掲げている。

3　SDGs達成に向けた取組みが与える影響

　冒頭で言及したように，金融機関の経営環境は厳しい状態が続いており，特に地方銀行はその影響が大きい。生き残りをかけ，少しでも融資先を増やしていくことが求められる中，滋賀銀行も新たな金融商品を開発し，新たな融資先の掘り起こしを行おうとしている。ただ，同行の取組みは，利益の向上だけを目的にしたものではなく，SDGsを経営に統合させ，持続可能（サステナブル）な社会の実現にも寄与する取組みである。社会的価値と経済的価値の同時実現を明確に目指している点が重要である。

　地方創生SDGs・ESG金融調査・研究会（2019）「地方創生に向けたSDGs金融の推進のための基本的な考え方」によると，「持続可能な社会への変革に向けて，SDGs達成に取り組む企業の非財務的価値やESG要素等も評価し，金融市場からの資金流入等を通じて成長を支援すること」を，仮に「SDGs金融」

と呼称し，「こうしたSDGs金融による資金の流れを，SDGsの達成を目指す地域事業者や地域経済に還流させることができれば，地域におけるSDGs達成に向けた取組みを加速させ，より一層の地方創生に繋がることが期待される」とし，このような資金の流れを「地方創生SDGs金融」と定義している（実現に向けたフレームワークについては，図表6-5参照）。滋賀銀行の取組みはまさにこの流れの実現に寄与するものであり，さらなる地域活性化と利益向上の両立が望まれる。

図表6-5 地方創生SDGs金融フレームワークの構築

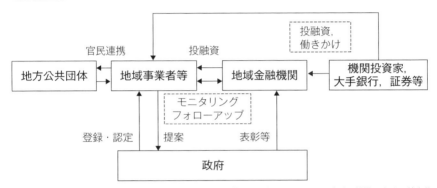

出所）地方創生 SDGs・ESG 金融調査・研究会（2019）「地方創生に向けたSDGs金融の推進のための基本的な考え方」，p.20。

注————
1 古江（2018），3-267ページ。
2 家森信善（2021）「第1章 最近の関西の地域金融機関の経営の状況」，一般財団法人 アジア太平洋研究所（2021）「マイナス金利環境の下での地域金融機関の経営の現状と課題 研究会報告書（2020年度）」。
3 一般社団法人 全国地方銀行協会ホームページ，https://www.chiginkyo.or.jp/app/story.php?story_id=1802。
4 滋賀銀行ホームページ「沿革」，https://www.shigagin.com/about/history.html。
5 滋賀銀行「CSRリポート2007」，8～9ページ。
6 滋賀銀行ホームページ「行是・CSR憲章（経営理念）」，https://www.shigagin.com/csr/policy/csr_policy.html。
7 滋賀銀行「CSRリポート2010」，17ページ。なお，環境方針は，2020年10月にも改訂されている。
8 滋賀銀行ホームページ「しがぎんSDG宣言」，https://www.shigagin.com/about/sdgs。

html。

9 「日本経済新聞」2018年4月18日付，2018年12月1日付。

10 滋賀銀行ホームページ「SDGs私募債「つながり」」，https://www.shigagin.com/pdf/company_ESG_tsunagari.pdf。

11 滋賀銀行「SHIGA BANK REPORT2021 統合報告書 情報編」，10ページ。私募債の詳細や滋賀銀行以外の取り組み事例については，第13章参照。

12 例えば，広島銀行は2021年3月にLGBT向け住宅ローンの取り扱いを開始（同性パートナーが2人分の収入を合算して審査を受けられる収入合算を認める），京都信用金庫は2021年4月にLGBTや事実婚カップル向け住宅ローンの取り扱いを開始，千葉銀行は2020年7月に同性同士や事実婚カップルが住宅ローンを借りられるように連帯債務の対象者を拡大している。

13 「日本経済新聞」2021年4月14日付朝刊。

14 QuickESG研究所ホームページ，https://www.esg.quick.co.jp/glossary/1218。

15 滋賀銀行ホームページ「ニュースリリース「責任銀行原則」に署名」，https://www.shigagin.com/news/topix/2053。

16 坂本（2014），20ページ。

17 滋賀銀行ホームページ「『しがぎん』サステナビリティ・リンク・ローン」，https://www.shigagin.com/pdf/compnay_catalog_SLL.pdf。

18 「日本経済新聞」2020年9月12日付。

参考文献————————

一般財団法人 アジア太平洋研究所（2021）「マイナス金利環境の下での地域金融機関の経営の現状と課題 研究会報告書（2020年度）」，https://www.apir.or.jp/wp/wp-content/uploads/2020_apir_research_report_negative-interest_rate.pdf。

環境省 大臣官房 環境経済課 環境金融推進室（2021）「責任銀行原則（PRB）の署名・取組ガイド」，http://www.env.go.jp/policy/PRB.pdf。

坂本恒夫（2014）「貧困問題と経営分析」『経営論集』61巻第1号。

滋賀銀行ホームページ，https://www.shigagin.com/。

古江晋也（2018）「マイナス金利政策下における地域金融機関の経営戦略—生き残りをかけた広域化戦略と深堀り戦略—」『農林金融2018.5』農林中金総合研究所，https://www.nochuri.co.jp/report/pdf/n1805re1.pdf。

西藤崇浩（2020）「滋賀銀行のSDGsの取り組み～地域社会の未来を描く～」，SDGsステークホルダーズ・ミーティング 第11回会合報告資料，https://www.iges.or.jp/sites/default/files/inline-files/7_saito_0.pdf。

（鳥居陽介）

第**7**章

大井川茶園のビジネスチャンスととらえるSDGs

1 株式会社大井川茶園の概要

　近年，食の安全性といった観点から，食品業界においても様々な社会的課題への対応を迫られている。SDGsの対応についても，農林水産省のホームページに食品業界の積極的な参画を得られるよう，実践的に取り組んでいる食品事業者の取組みが紹介されている[1]。中でも，本章で取り上げる株式会社大井川茶園（以下，大井川茶園）は，SDGsをビジネスチャンスととらえ，積極的に取り組んでいる。大井川茶園の会社概要は次の通りである。

　事業内容は日本茶製造販売，烏龍茶・健康茶販売など，年間売上高18億円，静岡県焼津市という大都市圏からは少し離れた地方都市にある典型的な中小企業である。しかも，事業内容はITなどの先端分野ではなく，日本に古くからあるお茶の製造という内容だ。最先端のビジネスを行っているようには思えない（図表7-1）。

　ところが，この大井川茶園は，SDGsをビジネスチャンスととらえ，自社の

図表7-1 株式会社大井川茶園の概要

会社名	株式会社大井川茶園
設立	1999年10月1日
資本金	2,000万円
事業内容	日本茶製造販売，烏龍茶・健康茶販売，ティーバック・缶詰・ギフト（等関連商品）の製造販売（海外への輸出を含む）
売上高	18.0億円（2020年2月期予算）
本社所在地	静岡県焼津市

出所）株式会社大井川茶園ホームページ　https://www.ooigawachaen.co.jp/company/profile

強みを生かしたSDGsを実践する，SDGsにおける先端企業なのである。

　次節以降において，大井川茶園のSDGsへの取組みに対する考え方，実際の取組みの内容などについて考察する。

2　大井川茶園のSDGsへの取組みについての考え方

（1）経営者の視点

　大井川茶園の代表取締役会長兼社長の雪嶋直通氏は，同社ホームページの「社長挨拶」で『SDGs・ESG・カーボンニュートラルへの道』と題してつぎ（図表7-2）のように述べている。

　このメッセージを見ると，大井川茶園がいかに真剣にSDGsに取り組んでいるかがわかる。数字を見ると，静岡県にあるお茶を製造する中小企業に過ぎない。しかし，SDGsへの取組みに関するモデルとしては，目標達成のために様々な活動に取組み，中小企業であるがゆえの個性を生かして「大井川茶園だからできる」取組みを実践しているきわめて優れた例と言えよう。

　大井川茶園の社会貢献への取組みは，2011年にさかのぼるという。地域貢献イベントの開催を1週間後に控えた2011年3月11日に東日本大震災が発生した。この時，イベントを中止すべきであるとの意見が強かった中，雪嶋社長は，起きてしまった災害にはスピードをもって動き支援することが最大のサポートだ

68

図表7-2　大井川茶園の「SDGs・ESG・カーボンニュートラルへの道」

> 　私の原案『まんがでわかるSDGs』（PHPエディターズ出版）は，一2019年10月に発売以来，5万部越えのヒット書籍となりました。
> 　また，SDGs・ESG関連商品の当社第一弾として，2020年11月に発売した『癒しの禅』静岡抹茶入り緑茶カートカン195グラムは，二ヶ月で100万本を超える販売数を記録しました（中略）
> 　さらに書籍第二弾『SDGsの正体』（PHP出版）は2020年11月に発売され，こちらもまた販売好調です。
> 　このように，SDGs，ESG関連商品がヒットを連発することができましたのも，日頃から，当社の全社員，あるいは取引先や関係者，さらには全国にわたる多くの講演会等で参加者の皆様に「SDGsはビジネスチャンスである」と広く啓蒙してきた賜物であると考えております。
> （以下略）

出所）大井川茶園ホームページ　https://www.ooigawachaen.co.jp/company/message

と考え，地域貢献のイベントを被災者チャリティイベントに変更して開催している。これを契機として，大井川茶園の「SDGsを通じて社会貢献をし，活力ある未来を創造する会社を目指そう！」という取組みが始まる。以下，大井川茶園のSDGsへの取組みに対する考え方について見ていく。

（2）大井川茶園のSDGsへの取組みの特徴

　SDGsについてはすでに多くの書籍などに記載されており改めて示す必要はないところではあるが，SDGsビジネス総合研究所　経営戦略会議（2019）に大井川茶園の考えるSDGs感が示されている。

　大井川茶園のSDGsへの取組みの特徴は，何といっても単にSDGsに取り組むというのではなく，企業理念，ビジョン，戦略，戦術といった企業の行動原則や行動指針の中にSDGsをしっかりと組み込んで取り組もうとしている点である。

　SDGsビジネス総合研究所　経営戦略会議（2019）では，SDGsに関して「戦略的ツールとしてのSDGs」とか「SDGsは，企業のビジョンを再構築する道具」といった表現が用いられて，SDGsをビジョンとして組み込むことが必要だという表現が何度も出てくる。ここで言っているビジョンとは，図表7-3に示された企業理念，ビジョン，戦略，戦術の上から2段目に位置しているビ

ジョンのことである。ビジョンの部分に大井川茶園が取り組もうとしている5つの目標を組み込み，それを基に戦略をたて，戦術につなげていこうとしているのである。

企業経営における「ビジョン」とは

抽象

↕

具体

企業理念
企業の目的や存在意義など企業を経営するうえでの具体的な理想概念

ビジョン
"理念"をより具体的にイメージ化し，共有しやすくしたもの

戦略
"ビジョン"を実現するための中期的な計画

戦術
戦略に基づき，具体的にどう活動するかという短期的な作戦

出所）SDGsビジネス総合研究所 経営戦略会議（2019）76ページ。

　また，同書によれば，SDGsは義務ではなく，「自主的な取組みを促すための目標」とも示されている。ビジョンにしっかりと組み込まれていることが，そのような考え方を可能にしている。
　大井川茶園のスローガンは，「『SDGs』を通じて，豊かで活力のある未来を創造する会社を目指す」であって，「お茶の普及により人の心を豊かにする」ことを目標として活動している。そして，17の国際的目標の内，「3．すべての人に健康と福祉を」，「7．エネルギーをみんなに，そしてクリーンに」，「8．働きがいも，経済成長も」，「9．産業と技術革新の基礎をつくろう」，「12．つくる責任，つかう責任」の5つを取り組むべき開発目標として掲げている[2]。さらに，日本食糧新聞には，地域との共生に向け積極的に取り組んでいるとも記されている[3]。大井川茶園では，これら5つの目標を「『ツール（道具）』として活用しながら，会社の『ビジョン』を新しく描いて」いくことを目指しているのである。経営理念をより具体的にして問題を身近なものとして意識し取り組んでいく，そのための行動規範としてSDGsがあるという。また，企業に

よる社会貢献活動であるCSRとSDGsを比較して，つぎ（図表7-4）のように述べている。

図表7-4　CSRとSDGs

> 「CSR活動を振り返ると，（中略）寄付などのシンプルな社会貢献が多かったようです。対してSDGsでは，各企業が「それぞれの本業」を通じて目的達成に取り組むことが重要とされています。つまり，「それぞれの得意分野を世界のために活かす」という点で，SDGsはCSR活動に比べ，よりアイデアとオリジナリティにあふれた活動となりうるのです。
> （中略）
> SDGsが大きな注目を集めているのは，決して社会貢献の観点からだけではなく，事業に創造性をもたらし，現場にイノベーションを起こすことで，新たなビジネスチャンスの獲得や経営リスクの回避のための，グローバルで汎用性の高いツールとして活用できるからなのです。」

出所）SDGsビジネス総合研究所 経営戦略会議（2019），112ページ。

さらに，中小企業は大企業に比べて，①地域課題との関係性が深い，②独自の地域ネットワークを有している，③意思決定スピードが速くて柔軟な対応も可能といった点からSDGsに取り組むには適している，とも述べている。

中小企業におけるSDGs活用のステップとしては，つぎ（図表7-5）のような流れで取り組むのが良いと紹介している。

図表7-5　中小企業におけるSDGs活用のステップ

①	経営理念の振り返り	経営理念を再チェックする
②	ビジョンの再構築	SDGsの17の目標と169のターゲットを見て，これまで取り組んできた事業とこれから取り組んでいきたい事業を2色に分けてチェックする
③	戦略の設定	チェックしたものをもとに自社の強みと自社の課題を洗い出し，自分たちにできるアクションを考える
④	戦術の決定	アクションを具体的に決め，実際にアクションを起こす

出所）SDGsビジネス総合研究所 経営戦略会議（2019）117ページをもとに筆者作成

要するに，SDGsへの取組みは，企業が自らの理念としっかり結びつけて，取り組んでいかねばならないわけだが，抽象的な概念でもある理念とSDGsを

しっかりと結びつけて考えることは非常に難しい。そこで、企業理念と具体的な戦略、戦術の間にあるビジョンの部分を用いるのである。ビジョンの部分にSDGsを組み込むことができれば、抽象的な概念である企業理念と具体的な戦術や戦略を結びつけることができるようになる。中小企業は、大企業よりも地域と密接な関係を有していることが多く、このように考えていくことで社会貢献活動やSDGsを経営に組み込んでいくことが可能になるのである。さらに、SDGsは単に取り組むことが重要なのではなく、SDGsに取り組むことによって企業にとっての利益が増えてくるような仕組みを作ることを考えていくことがより重要なのである。

（3）SDGsを経営にいかにして組み込むか

つぎに、以上見てきた大井川茶園のSDGsへの取組みに対する考え方を一般的な企業の社会的課題への取り組み方と対比しながら見ていくことにしよう。

すでに見たようにSDGsは、単に取り組むだけでは意味がない。SDGsに取り組むということはSDGsを経営に組み込み、それによって競争力を向上させていくことが必要になってくる。では、どのようにしてSDGsを経営に組み込んでいけばよいのだろうか。この問いに関しては谷本（2020）に示されている方法と大井川茶園の取組みを対比しながら見ていくことにしたい。

谷本（2020）では、企業と社会的課題の関係をつぎのように整理している。

社会的に責任のある経営とは、①責任あるマネジメント・システムを構築し、ステイクホルダーにアカウンタビリティを果たすこと。そして、②社会的課題に取り組み持続可能な発展に貢献すること、だと述べられている。社会的な課題として取り組むべき社会事業については、社会的な課題をビジネスとして取り込み、新しい価値を創出することで解決していく、ことが必要とされており、Triple Bottom Lineが示しているように環境、社会、経済の課題を踏まえ、持続可能な企業経営を考えることが必要だと述べてられている[4]。

社会的責任を果たす企業経営には、「これまでの企業経営のあり方を見直し、経営プロセスに社会的公正性・倫理性、環境や人権への配慮を組み込んでいくことが基本である」と述べられている[5]。さらに、谷本（2020）は社会的責任を果たすように経営を変えていくには、経営ビジョンや理念、価値を見直し再

構築することから始めるべき，と述べている[6]。

さらに，日本企業の課題としては，ブームに乗って社会的責任に取り組んだものの，マネジメント・システムと現実のギャップが埋めきれていない，と指摘している[7]。

従来と異なる点は，企業経営とは独立して存在していると思われていた社会貢献活動が企業経営とは切り離すことができない問題になってきているという点である。そのような状況下において企業が，社会貢献活動に取り組むには，形式的な取組みでなく，経営の一部として，マネジメント・システムとして経営に組み込んだ状態で取り組んでいくことが必要になってきている。

大井川茶園の取組みは，正しくそのような取組みであって，きわめて時代にマッチした，理にかなった取り組み方だと言えよう。

3　大井川茶園の具体的な取組み

大井川茶園のSDGsへの取組みを具体的に見ていくことにしよう。すでに見たように大井川茶園は，ビジョンの中で5つの目標に取り組んでいる。以下その一部を紹介する。

（1）5つの目標への取組み

①　目標3「すべての人に健康と福祉を」への取組み

戦略として，お茶の販売を通した健康の普及活動や食育と伝統文化の振興活動を掲げている。これに対する戦術として，NPO法人「茶食育をすすめる会」を設立し（2007年），日本茶に関する勉強会を地域の様々な場所（スーパーマーケット，小学校，公民館など）で開催するなど，日本茶の歴史，効能，効果的な飲み方を紹介することでお茶を通した食育と伝統文化の振興を実践している[8]。

②　目標7「エネルギーをみんなに そしてクリーンに」への取組み

戦略として工場への太陽光発電システムの導入を掲げている。これに対する

戦術として，2009年に新設した生産工場の屋根に太陽光発電設備を設置し，太陽エネルギーを活用したクリーンエネルギーが利用可能になったのを機に，近隣の幼稚園児や小学生を対象にした工場見学を実施し，展示パネルや大型ディスプレイを使って子どもたちが視覚的に学べるような活動を始めた[9]。

③　目標8「働きがいも経済成長も」への取組み

　戦略として最大1年間の育児休暇支援を掲げている。これに対する戦術として，社員の育児休暇に対応できるように仕事の割り振りやシフトなどを根本的に見直し，復職した社員には個別ヒアリングを実施し，希望に応じた仕事を割り振るようにしている[10]。

④　目標9「産業と技術革新の基盤をつくろう」への取組み

　戦略として，荒茶から仕上げ，包装から出荷までの一貫した生産体制（垂直統合型工場）の保有を掲げている。これに対する戦術としては，2009年に業界初の垂直統合型工場[11]を完成させ，生産の受け入れから出荷までを同じ敷地内の工場で一貫して行っている。このような取組みによって，安価・安全・高品質なお茶を短い生産期間で提供することが可能になっている[12]。

⑤　目標12「つくる責任 つかう責任」への取組み

　戦略として掲げているのは，ISO9001認証規格，FSSC22000認証規格の取得である。これに対して2011年に品質マネジメントシステムの国際規格「ISO9001」を本社として取得，2018年には食品安全マネジメントシステムの国際規格「FSSC22000」を取得した抹茶工場を稼働させた。衛生管理を徹底させた付加価値の高い商品の開発を積極的に行い，国内および海外の市場開拓を行っている[13]。

（2）現時点における大井川茶園のSDGsへの取組み

　大井川茶園の，ホームページの「SDGsの取組み」を見ると，上記の5つ以外の目標に取組みを広げつつあることが示されている。

　①　レッドカップマーク付き商品で，飢餓に苦しむ世界の子供達を救う学校

給食支援を行っている（目標2）**14**。

② 紙製飲料容器「カートカン」を採用することで，日本の豊かな国土を守ることに貢献している（目標13）。

③ 地域貢献活動にも積極的に参加している（目標11）。

④ 静岡の牧之原台地・川根・掛川などのお茶の産地の契約農園のみなさんと共に，大地の恵みを大切に守り育むよう意識的に取り組んでいる（目標15）。

⑤ 女性が輝ける職場づくりを推進し，女性が活躍できる場を提供し続けている（目標5）。

当初は，SDGsの17の目標のうち5つの目標だった取組みが，現時点の大井川茶園のホームページでは10の目標に増えている。

さらに，大井川茶園は，自社でSDGsに取り組むのはもちろんであるが，SDGsの啓蒙活動も行っている。一つは，書籍の企画である。現時点で，『まんがでわかるSDGs』（2019年10月発売）と『SDGsの正体』（2020年11月発売）の2冊を発行している。この活動は，関連団体であるSDGsビジネス総合研究所が中心になって行っている。また，セミナーや講演会を通じた啓蒙活動も行っている。大井川茶園の関連団体であるNPO法人 茶食育をすすめる会 では，「お茶の淹れ方教室」（不定期）や「お茶の魅力，知識の勉強会」（不定期）を開催し，地域の方達に向けてお茶のおいしい淹れ方や健康成分の説明，保存方法などを学んでもらう機会を提供している。合わせてSDGs に関する講演を実施し，地域や職域の方々にSDGs への理解を深めてもらう機会も提供しているという。

このような大井川茶園のSDGsへの取組みが，今後どのように展開していくのか期待される。

4 取組みの評価および今後の課題

多くの中小企業が，社会貢献活動の重要性は認識しているものの，なかなか具体的に社会貢献活動に取り組むことができないでいる。それは，一つには従

来，企業は自社あるいは株主のための利益の獲得のみを目指せばよいと考えられてきたことによる。そのような企業が新たに社会貢献活動に取り組むためには，これまで行ってきた活動に加えて，これまで取り組んでいなかった活動も行わなければならなくなる。そのために使えるマンパワーは，大企業は有しているかもしれないが，慢性的な人手不足に悩む中小企業にはあるはずがない。また，新たに社会貢献活動に取り組むということは，自らが有する（少ない）ビジネスチャンスを削ることに他ならない。マンパワーに加えて利益も削って取り組まなければなければならないことになる。中小企業にはそのような余裕はないという考え方が根底にあるからであろうと思われる。

　しかしながら，ここで見てきた大井川茶園のSDGsへの取組みは，マンパワーや利益を削ることによって行っている取組みではなく，むしろ，SDGsに取り組むことで新たなビジネスチャンスを生み出し，それを利益につなげていこうとするものである。さらに，SDGsを新たなビジネスチャンスを生み出す仕組みづくりのツールとして積極的に利用して，事業の拡大を図るという画期的な試みと言える。大井川茶園の資料にあるように，中小企業こそが，多くの社会問題に取り組みやすい環境にある。それは，言い換えると中小企業の周りには，非常に多くのビジネスチャンスが存在していることに他ならない。それらがみな新たなビジネスの芽に育っていくのであれば，それに向き合い取り組まない手はない。今こそ多くの中小企業が，大井川茶園の取組みを手本としてSDGsに取り組むべき時であると言うことができよう。

注————————————

1　農林水産省ホームページ。「持続可能な社会と食品業界の発展のためにわたしたちにできること」https://www.maff.go.jp/j/shokusan/sdgs/
2　『マンガでわかるSDGs』99ページ，日本食糧新聞中部流通特集2019年9月19日18面
3　日本食糧新聞中部流通特集2019年9月19日18面
4　谷本（2020）81-82ページ）
5　谷本（2020）95ページ）
6　谷本（2020）96-97ページ
7　谷本（2020）136ページ
8　『マンガでわかるSDGs』137ページ
9　『マンガでわかるSDGs』138ページ

10　『マンガでわかるSDGs』138-139ページ

11　通常，お茶メーカーは，「荒茶」という半製品を農家や農協から仕入れ，製茶（仕上げ茶づくり）工程のみを行っている。（『マンガで分かるSDGs』139ページ）

12　『マンガでわかるSDGs』139-140ページ

13　『マンガでわかるSDGs』140ページ

14　レッドカップキャンペーン（WFP 国連世界食糧計画）https://www.jawfp.org/redcup/

参考文献——————————

「（公財）静岡県産業振興財団 令和２年度 SDGs貢献企業支援事業」2021年12月30日参照。
　　http://www.ric-shizuoka.or.jp/images/1298.pdf.
「大井川茶園創業20周年 新ステージへ」2019年９月19日付　日本食糧新聞。
外務省「ジャパンSDGsアワードJAPAN SDGs Action Platform」2022年１月10日参照。
　　https://www.mofa.go.jp/mofaj/gaiko/oda/sdgs/award.html.
横山恵子『企業の社会戦略とNPO—社会的価値創造にむけての協働型パートナーシップ』，
　　白桃書房，2003年。
「株式会社大井川茶園 公式コーポレートサイト」2021年12月30日参照。
　　https://www.ooigawachaen.co.jp/.
SDGsビジネス総合研究所 経営戦略会議（監修）『マンガでわかるSDGs』株式会社PHPエ
　　ディターズ・グループ，2019年。
「始まった食品事業者の取組：株式会社大井川茶園：農林水産省」2021年12月30日参照。
　　https://www.maff.go.jp/j/shokusan/sdgs/ooigawachaen.html.
「静岡流通特集：大井川茶園 SDGsの重要性を説く 特設ブースや監修書籍も—日本食糧新聞
　　電子版」2021年12月30日参照。
　　https://news.nissyoku.co.jp/news/tatsukawa20200619074503126.
村井哲之『SDGsの正体 メディア報道ではわからない真の目的とは』PHP研究所，2020年
　　「【大井川茶園】日本茶について学ぶ『お茶教室』で雪嶋会長兼社長がSDGsについて講
　　演—静岡のセミナーイベント情報なら静岡ビジネスレポート」2021年12月30日参照。
　　http://www.sb-report.net/corporate/6955/.
谷本寛治『企業と社会—サステナビリティ時代の経営学』中央経済社，2020年。

（古山　徹）

第**8**章

デジタル・コンサルタントXYOUのSDGs事業戦略

1 SDGsとデジタル産業

（1）SDGsとデジタル産業の新たな形

　SDGs目標の達成が推進されていく中で，サステナビリティ・トランスフォーメーション（Stainable Transformation），すなわち「SX」と呼ばれる言葉を目にするようになった。「SX」は，企業が「持続可能性」を重視して，企業の稼ぐ力とESG（環境・社会・ガバナンス）の両立を図ることを土台として変革していくことを意味している[1]。一方で，日本の社会において果たされるべき緊急の課題となっているもう一つの変革には，DX（Digital Transformation）がある。SXを推し進めていくには，いまやデジタル産業の貢献は欠かせないものである。たとえば，農業や漁業従事者を支援しつつ，食品ロス削減にもつながる新規事業をデジタルの力を用いて立ち上げている企業もある[2]（SXとDXの詳細については第12章・第13章を参照）。

本章で取り上げる株式会社XYOU（エックス・ユー）も，また，デジタルの力を駆使し，あるいはその枠を飛び越えて，SDGs推進の立役者となっている。以下に，同社の沿革及び事業概要を述べた後，SDGs事業に関わる３つの事例を紹介し，その特徴を述べる。

（2）SXを推進するＺ世代と株式会社XYOU

　SDGsをけん引するのは，Ｚ世代である言われている。その理由として，主に以下の２つがあげられる。１つは，学生時代にすでに，環境問題やSDGsについて既習済みの世代であること，また，もう１つは，世界中に伝播したグレタ・トゥーンベリが起こした気候変動マーチに象徴されるように，若者が地球の未来，自分たちの未来を真剣に考え，実際に行動を起こし始めていることがあげられる。株式会社XYOU（以下XYOU）もまた，Ｚ世代の経営者と社員が中心になって，主力事業によりDXの立役者となる一方で，SDGs関連の事業にも積極的に関わっている。

　XYOUは，2019年５月に立ち上げられた創業間もない会社で，東京都目黒区にオフィスを構えている。主軸となる事業は，映像制作会社の機能をもった総合デジタルマーケティングサービスの提供である。映像を用いた新たな販路の拡大，採用活動，社内広報などを手掛ける。より具体的には，代表取締役である瀧澤壮氏によると「映像は再生されないと意味がない。その映像がターゲットとなる対象に正しく配信され，かつ再生されてなんらかのアクション（例えば資料請求や商品購入など）を誘導する，すなわちコンバージョン（成果）[3]を起こさせることである」と述べている。事業のうち，売り上げに最も直結しているものは，企業や学校法人のYouTubeチャンネル映像コンテンツに関するもので，企画から作成，また広告展開なども担っている。同社は事業形態を自ら「デジタルマーケティング顧問」とも称していて，デジタル面でのコンサルティング業務的な側面も持っていると言えよう。

　創業者である瀧澤氏は，学生時代から個人事業主として映像コンテンツのビジネスを手掛け，卒業後一度社会経験を経たのちに起業している。社員は瀧澤氏同様Ｚ世代のメンバーが大半であるが，12名で構成されている（2022年１月現在）。また，社会的にも人材育成が必要とされるデジタル業界の使命を意識

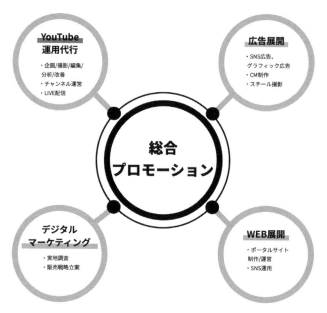

出所）株式会社XYOUホームページ。https://xyou.co.jp/business/（2022年1月5日アクセス）。

し，インターンシップ生も積極的に受け入れている。

　以下に，XYOUのSDGs支援事業についての考察について述べる。

2　廃棄生地削減プロジェクト
―株式会社ONE STEPとXYOUの協働

（1）大量廃棄問題に直面するアパレル業界

　SDGsが世界的に認知されるのに伴い，様々な業界の環境問題が取り上げられるようになってきたが，その一つに衣料品の廃棄問題がある。ファストファッションの台頭により，安価な製品を季節や流行の変化に応じて大量に店頭に並べ，そして売れ残って廃棄される衣類も大量に生じることになる。ハイブランドと言われるメーカーでも同様に売れ残りの廃棄問題を抱えている。コロナの影響によりリモートワーク形態が普及し，衣類がますます売れなくなる

といった現象が生じた。また製造を請け負うOEM（Original Equipment Manufacturing（Manufacturer））も同様に打撃を受け，生産数が下がり生地の大量処分を余儀なくされる事態が起きた。廃棄に伴う生地の焼却は原材料を無駄にするだけでなく，CO_2の増加も促すことになる。

　衣料品OEMの一つである株式会社ワンステップ（東京都渋谷区）は，2008年6月に設立され，メンズ，レディースブランドのアパレルとアジア各国（ベトナム，タイ，ミャンマー，インドネシア，中国，韓国，日本）の工場をつなぎ，服作りを行っている。また，素材となる生地を国内外から調達している。同社もまた，コロナ禍で，倉庫に大量廃棄となる予定の生地を多く抱え苦慮していた。そこで，ワンステップは，同社のホームページ作製を担っているXYOUに解決策がないか打診し，環境保護の観点でT-Treckというプロジェクトを共に立ち上げることとなった。

（2）廃棄生地を救うプロジェクト支援

　T-Treckは，プロジェクトでもあり，新たなブランドでもある。「Stock（在庫）はTreasure（宝物）」ということを示したXYOUが生み出した造語である。廃棄される予定だった質の良い生地を救うというエコの観点で，まずはTシャツなどをT-Treckの製品として売り出すことにした。クラウドファンディングをマクアケのプラットフォームで実施し，廃棄予定の生地を使用した商品を買い，寿命が来るまで徹底的に着る（T-Treckは'着倒す'と表現している）ことにより，環境に貢献できるエコな製品であるということを訴えた。また，このストーリー性のある事業戦略をXYOUが映像化し，クラウドファンディングのプラットフォームに提供した。これによりクラウドファンディングは共感を呼び，30万の資金調達を予定していたが，40万を超える資金を集めることに成功し商品化を進めた。

　T-Treckのプロジェクトは現在も進行中であるが，XYOUが構想するこの新ブランドは，最終的にこのブランドをなくすこと，すなわち，大量廃棄される生地がなくなることを目指している。

　なお，この取組みにより，作る側も消費者側も環境に責任を果たすということでSDGsの12番（つくる責任，つかう責任），また，焼却処分によるCO_2の増

　廃棄生地を削減するプロジェクトT-Treckのイメージ図

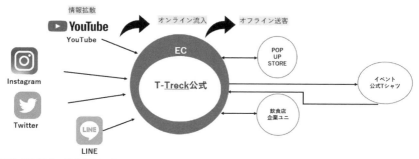

出所）資料提供，株式会社XYOU。

加の回避は13番（気候変動に具体的な対策を）に，そして，両社の協働は17番
（パートナーシップで目標を達成しよう）の達成にも寄与していると考えられ
る。

3　食品ロス削減のためのデジタルコンテンツ支援

（1）食品ロス問題の概要

　近年，話題となっている環境問題の一つに食品ロス問題がある。レストラン
や小売店舗などによる事業系食品ロスと，消費者が生み出す家庭系食品ロスと
に分けることができる。図表8-3を見ると，事業系食品ロスがやや上回って
いる。こうした食品ロスの対応策として，売れ残りの商品をアプリで掲載する
ことによって希望する消費者に適時知らせる事業や，農家で廃棄される不揃い
な野菜を加工して売るなど食品ロスの対応策等，様々な取組みが注目されてい
る。

　また，家庭内での食品ロスを少しでも削減する取組みとしては，消費者が買
いすぎを防ぐといった対策はもとより，食品の鮮度を保つ容器包装の技術が欠
かせない。以下に，XYOUが事業支援を行った食品ロス削減のための取組み
を紹介する。

図表8-3　日本における食品ロスの分類とその発生量

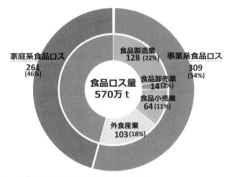

出所）農林水産省ホームページ「食品ロスとは」令和元年推計値
https://www.maff.go.jp/j/shokusan/recycle/syoku_loss/161227_4.html（2022年1月5日アクセス）。

（2）食品ロス問題を解決する容器包装技術とデジタルコンテンツサービス

　プラスチックを取り扱う住友ベークライト株式会社と食品容器包装を取り扱う東京食品機械株式会社は，共同で「真空スキンパック」という食品の鮮度を長持ちさせる容器包装を開発した（2019年）。たとえば精肉の消費期限であれば，従来のトレイ容器が5日なのに対し，スキンパックは最長22日となっている。これにより，消費者は食品の買い置きや管理がしやすくなるという利点がある[4]。しかし，その一方で，次のような問題を抱えていた。店頭で購入される精肉は実は褐色のものの方が新鮮で，消費者が選好する赤みが綺麗なものの方が実際には酸化が進んでいる。スキンパックで包装された精肉は新鮮さを保っているため，やや褐色で，消費者は手に取りづらい[5]。そこで，一般消費者に，食品の知識や食品ロスに関する意識の啓蒙が必要であると考えた両社は，その解決策としてXYOUにデジタルコンテンツを用いたサービスの提供を依頼した。

　XYOUは消費者に食品のルーツをわかりやすく説明することを主軸とし「たべる～つ」と称した親しみやすいキャラクターを考え，食品の紹介と共に調理法などを伝える「フードロス削減プロジェクト，食卓から考えるSDGs たべる～つ」というテーマの動画作成を提案した（2021年11月より動画配信）。上場

企業である住友ベークライト株式会社も，中堅企業である東京食品機械株式会社も，生産過程や製品そのものでSDGsの取組みは実践している。しかし，SDGs推進の役割を担う製品の浸透や啓発といった点では，創業間もないXYOUが協働する形で支援している。この取組みも前事例のT-treck同様，SDGs12，13，17番を後押ししている。

4　社員のSDGs意識向上
―株式会社まごころ清掃社への支援

（1）3K克服のためのデジタルコンテンツサービスの活用

　まごころ清掃社は，1986年（昭和61年）に創業され東京八王子市に本社があり，従業員96名（2021年12月現在）が在職する。事業内容は，産業廃棄物および一般廃棄物の収集，運搬，処理，廃棄物の処理に関するコンサルティング業務等である。同社は，とりわけ若い世代において，いわゆる3K（きつい，汚い，危険）と呼ばれる清掃の仕事が長続きしないこと，あるいは，親が清掃業に就いていることを子どもが誇れないといった点を改善し，長期就業を目指す体制を作りたいと考えていた。そこで，仕事に対する劣等感の克服，社員の定着を目指すために，XYOUに清掃業のイメージを変えるサービスの提供を依頼した。

　XYOUはまず，従業員募集のためだけでなくクライアントが見ても好感が持てるよう明るいイメージで，かつどのような世代でもどのような人にでも受け入れられやすいようにユニバーサルデザインを意識したホームページに刷新した。ホームページでは地域振興にも役立つようなブログも掲載し，SDGsの取組みについても掲載するようになった。ホームページでは，環境保全と直結する清掃事業者として，11番（住み続けられるまちづくりを），12番（つくる責任つかう責任）を掲げている。また，「おしゃれでエコ」という視点で，前述のT-treckのTシャツをユニフォームとして導入した。若い社員の中には職場だけでなく，プライベートでもTシャツを愛用し，会社外部の人にも着目されユニフォームの由来を話すなど，愛社精神が高まるといった相乗効果も見られた。

（2）社員の自発性を尊重するSDGsの取組み

　ホームページに掲載する以前に，まごころ清掃社では取締役専務の高野正人氏が，八王子市の青年商工会議所の環境部会で部会長を務めたことがあり，SDGsについても自らが他社や地域で啓蒙する役割も担っていた。八王子市内の大学でごみの分別に関する講義を提供したりもしている。自社においてもSDGsのロゴを型取ったバッジを購入し，全社員に配布するなどして社内での啓蒙にも努めた。また，トップダウン式だけでなく，社員自らが行動を引き起こすようにするため，SDGsの社員教育を直接的に行うといった形態は取っていない。しかし，日頃から社員が得意とすることや気付いたことを積極的に表彰する制度などを設けていることにより，社員が自社の仕事を誇る動画を作成するようになるなど意識改革も進んでいる。それは，冒頭で3Kからの脱却を図るためにXYOUに依頼したことの成果でもあり，また，同社が掲げるSDGs11番，12番以外に，8番（働きがいも経済成長も）も実践する結果を導いていると言える。

5　SDGsの取組みを推進させるSDGsネイティブと異業種の協働

　本章の冒頭にSDGsをけん引するのは若い世代であることを述べたが，XYOUのような創業も間もない企業が，若い社員の力によって，また事業の特性を活かして，SDGs達成の支援をするサービスを提供していることが上記の事例から明らかになった。

　同社の経営者である瀧澤氏は，資金調達もまた資金繰りも決して容易ではないが，社会的課題の解決に自分たちの仕事を通じて今後も関わっていきたいと明言している。コロナ禍で経営の不安もある中，学生生活や普通の生活もままならずに成人式を迎える若者に無償で写真撮影を行うなど，ごく自然に社会問題を捉え支援する。SDGsネイティブと言われるこの世代は，若者特有の発想力を活かしながら，新たな時代を象徴するデジタル社会の構築を社会問題解決と共に実践していることが見て取れる。

また，同社は事業形態を自ら「デジタルマーケティング顧問」と称していることは先述のとおりである。今やコンサルティング業務は，経営戦略に関するものだけでなくITに特化したものやSDGsコンサルティングといったものも台頭している。XYOUが提供するSDGs推進支援は，同社のデジタルコンテンツサービスを活用したコンサルティング業務が功を奏していると言えよう。また，そこには様々な業種がクライアントとして存在し，異業種との掛け合わせ，すなわち協働によってSDGs達成の実現を促している。

注―――――――――――――
1　経済産業省ホームページの以下の資料にその定義がまとめられている。「サステナブルな企業価値創造に向けた対話の実質化検討会 中間とりまとめ～サステナビリティ・トランスフォーメーション（SX）の実現に向けて～」
　　https://www.meti.go.jp/press/2020/08/20200828011/20200828011-1.pdf（2022年1月5日アクセス）。
2　「食べチョク」という事業を展開する株式会社ビビッドガーデンは，生産者と消費者の間にあった協同組合やスーパーの店舗を介在せずに，ネットやアプリでつなぐ。それにより，消費者が生産者を「直」に応援することができるシステムを構築している。
3　Webマーケティングで用いられる用語で，CVとも訳される。
4　「真空スキンパックがもたらす持続可能な食卓」『一個人』KKベストセラーズ，2021年秋号，8～9頁。
5　同上。

参考資料―――――――――――――
経済産業省「サステナブルな企業価値創造に向けた対話の実質化検討会 中間とりまとめ～サステナビリティ・トランスフォーメーション（SX）の実現に向けて～」https://www.meti.go.jp/press/2020/08/20200828011/20200828011-1.pdf（2022年1月5日アクセス）。
「真空スキンパックがもたらす持続可能な食卓」『一個人』KKベストセラーズ，2021年秋号
秦哲志「ガス包装を利用した食品の保存性延長」東京食品機械株式会社，https://www.tokyofoods.co.jp/Portals/0/pdf/（2022年1月5日アクセス）。

＊本章は，株式会社XYOUの瀧澤壯取締役社長（2021年12月21日），および，株式会社まごころ清掃社高野正人専務取締役（2022年1月7日）に行ったインタビューと，事例に取り上げた各社のホームページをもとに執筆したものである。

（野村佐智代）

第**9**章

地方銀行のSDGsコンサルティング
――肥後銀行のサンロード社へのコンサル事例

1　はじめに

　2030年までに日本企業はSDGsの国際目標として掲げられている17の目標・169のターゲットの達成を目指す[1]。大企業ではSDGsの取組みが行われ始めてはいる。しかし，中小企業のSDGs認知度・実態等調査結果をみると[2]，中小企業のSDGsの取組みは遅々として進展してこなかった。資本金3,000万円以下の中小企業数は，全体に占める割合の91.0%であり，日本経済に占める総企業数の大部分を占めている[3]。中小企業のSDGsへの取り込みが，日本におけるSDGsのターゲット達成に向けた重要な課題になっている。では，中小企業へのSDGs導入を推し進める主体は，いずれの主体になるのか明確ではない。中小企業の経営者，株主，政府，地方公共団体，メインバンク，債券保有者などが有力な候補者である。中小企業500社中「SDGsについて全く知らない」と回答した企業は84.2%[4]であった。こういう状況では，中小企業の経営者が単独でSDGsに取り組むことは困難である。これに対し銀行とりわけ地方銀行は，

メインバンク制度の下で中小企業へのガバナンスを担ってきた。この一端として，地方銀行が中小企業に対するSDGsのターゲット達成を支援するようになってきている。本章では熊本の第一地方銀行として地域経済の発展に貢献してきた肥後銀行のSDGsコンサルティング（以下，SDGsコンサル）について検証してみる。まず，熊本県における中小企業のSDGsの認知度と取組状況を確認し，次に肥後銀行のSDGsコンサルを検証し，最後にSDGsコンサルの事例研究（サンロード社）を照査する。

2　熊本県における中小企業のSDGsの認知度と取組状況

　熊本県の中小企業におけるSDGsの認知度を見てみる。図表9-1は熊本県内企業のSDGs認知度である。この調査は熊本県下にある1,862社を対象に行われた。熊本県下の上場企業が6社[5]であり，熊本県下の企業は，大部分，中小企業である。設問はSDGsを「良く知っている」，「少し知っている」，「あまり知らない」「聞いたことがない」からの選択式となっている。回答を見ると，「良く知っている」は152社，全体に占める割合は8.2％，「少し知っている」は475社，全体に占める割合は25.5％となっている。2つの項目を合わせたSDGsを認知している中小企業は627社，全体に占める割合は34％程度である。日々，テレビ・新聞などのマスコミで取り上げられていることを考えると，過半数に及んでいないことは認知度が浸透していないことを示している。

　図表9-2でSDGsを認知している中小企業の経営へのSDGs取り込みを見ると，「経営の中心に取り込む」企業が33社であり，認知中小企業に占める割合は5.3％であった。「段階的に取り込み中」の企業は94社であり，認知中小企業に占める割合は15.0％であった。「計画したい」企業は169社であり，認知中小企業に占める割合は27.0％であった。これら取り込みに前向きな中小企業はSDGsを認知中小企業の47％程度を占める。SDGsを認識すれば，過半数近くの中小企業は取組みに前向きになるということである。つまり，他の主体からSDGsを啓蒙されれば，積極的に取り組むことになる。では，図表9-3で熊本県内企業のSDGsへの取組みと理解の変化を見てみる[6]。「SDGsに積極的」と

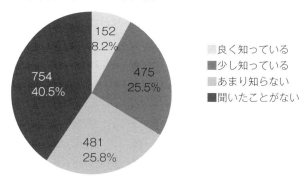

図表9-1　熊本県内企業のSDGs認知度

152　8.2%
475　25.5%
481　25.8%
754　40.5%

良く知っている
少し知っている
あまり知らない
聞いたことがない

出所）「地方経済総合研究所レポート」熊本県企業アンケート結果（2020年8月，1862社）

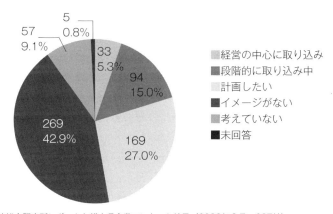

図表9-2　熊本県内企業の経営へのSDGs取り込み

5　0.8%
57　9.1%
33　5.3%
94　15.0%
169　27.0%
269　42.9%

経営の中心に取り込み
段階的に取り込み中
計画したい
イメージがない
考えていない
未回答

出所）「地方経済総合研究所レポート」熊本県企業アンケート結果（2020年8月，627社）

回答した企業は2020年で25.5％であり，2021年に53.5％となった。この間，熊本県下企業のSDDsへの取組比率は28ポイント改善し，改善ポイントが都道府県別で全国1位となった。「言葉も知らいない」と回答した企業は2020年で8.5％であり，2021年に1.6％となった。また「分からない」と回答した企業は2020年で16.0％であり，2021年に0.8％となった。熊本の中小企業はSDGsを認識すれば，取組みに前向きなことから一層SDGsに積極的に取り組むようになると思われる。帝国データバンク福岡支店は，「熊本は肥後銀行が他の九州地銀に先行してSDGsを推進しており，熊本市などの自治体も啓発に積極的。地

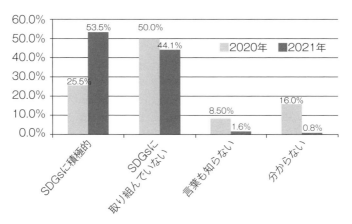

出所）帝国データバンク福岡支店「SDGsに関する九州企業の意識調査（2021年）」，2021年8月11日

場企業が意欲的に取り組む環境が整っているのではないか」[7]と熊本県下の中小企業のSDGsへの積極的な取組みを分析している。

　小括すると，2020年まで熊本県下の中小企業はSDGsに積極的に取り組まなかった。ただし，認識中小企業は，過半数近くで積極的にSDGsに取り組んでいた。2020年4月以降，肥後銀行は熊本県下の中小企業にSDGsコンサルティングを開始する。これと同時に2021年において熊本県下の中小企業に占める「SDGsに積極的」な企業の割合は28ポイント改善する。

3　肥後銀行のSDGsコンサル

　肥後銀行のSDGsコンサルは支店の当該企業担当者で対応するのではなく，本店のコンサルティング営業部の専門部隊で対応する。SDGsコンサルティング担当者は7名である。現在，2021年の契約数は55社であり，契約見込数は18件である。SDGsコンサルの期間はフェーズⅠ〜Ⅲに亘り，10カ月となっている。図表9-4で熊本県下の中小企業をSDGsに積極に取り組ませた肥後銀行のSDGsコンサルについて見ていく。肥後銀行のSDGsコンサルは，SDG Compass[8]を範にし，熊本県の経済環境に合わせてアレンジを加えている。

（1）フェーズⅠ

図表9-4　コンサル業務詳細

フェーズ	コンサルの流れ	成果物
Ⅰ	①業界分析，事業分析，現状分析（資料・ヒアリング等による）	―
	②マッピング，バリューチェーン分析	―
	③分析結果の報告を提出（重要課題・重点を置くSDGs目標の協議）	報告書
Ⅱ	④宣言案，重要課題，目標協議，決定	宣言案，重要課題，目標
	⑤宣言，目標の公表	
	⑥具体的な施策協議（働き方改革，健康経営，社会貢献活動，ES向上施策等）	宣言・KPI公表
Ⅲ	⑦県の登録制度申請手続き	申請書
	⑧社内浸透策（社内勉強会，社内貢献活動の共同参加等）	勉強会開催
	⑨実績を踏まえた年次度目標の設定協議	目標設定

出所）肥後銀行コンサルティング営業部「SDGsコンサルティング業務のご案内」

①　業界分析，事業分析，現状分析

　業界分析では，肥後銀行が熊本県下やマーケットにおける当該中小企業のポジショニングを分析する。当該中小企業の属する同業他社[9]などのSDGsへの取組み（働き方改革，再生可能エネルギー利用，省エネ設備導入など）を把握する。事業分析では，肥後銀行がSDGsの観点から業界分析で分かったことをSWOT分析し，当該中小企業の戦力を明確にする。現状分析では，SDGsに取り組まなかった場合，当該中小企業が，業界分析や事業分析により大手企業のサプライチェーンから除外されるリスクを把握する。反対に当該中小企業が「5人に1人がSDGs関連商品を選ぶ」[10]ことを理解し，自社のプロダクトミックスを見直す。ここで最も重要なことは「当該中小企業が腹落ちし，自分ごと化して取り組み，SDGsへの取組みそれ自体が収益の源泉となる[11]」ということを理解することである。

② マッピング，バリューチェーン分析

中小企業がSDGsへ取り組むことを自分ごと化できれば，SDGsのマッピング化に取り掛かる。SDGsのマッピング化は，大きく4つに分かれる。これらは，「目標限定掲載」，「解説つき目標掲載」，「17目標掲載」，「マテリアリティ分析」である[12]。図表9-5を見ると，肥後銀行は17目標掲載でSDGsコンサルを推し進める。17目標掲載は大企業に多く採用されており，17目標すべてを対象とするため中小企業には非常にハードルが高い。しかし，17の目標で形成されるSDGsの体系は，統合性と包括性の考え方に基づき，かなり緻密に構築されたものである[13]。つまり，統合性と包括性こそが重要になる。一部の項目のみの取組みでは，SDGsへの取組みの意図が希薄化してしまう。これに加えて17目標を正と負の影響に分け，事業プロセスに組み込みながら，マッピングしていく。銀行が事業プロセスに合わせてマッピングしていくのではなく，現場の従事者がアイデアを出しながらマッピングしていく。

図表9-5 肥後銀行のバリューチェーン分析

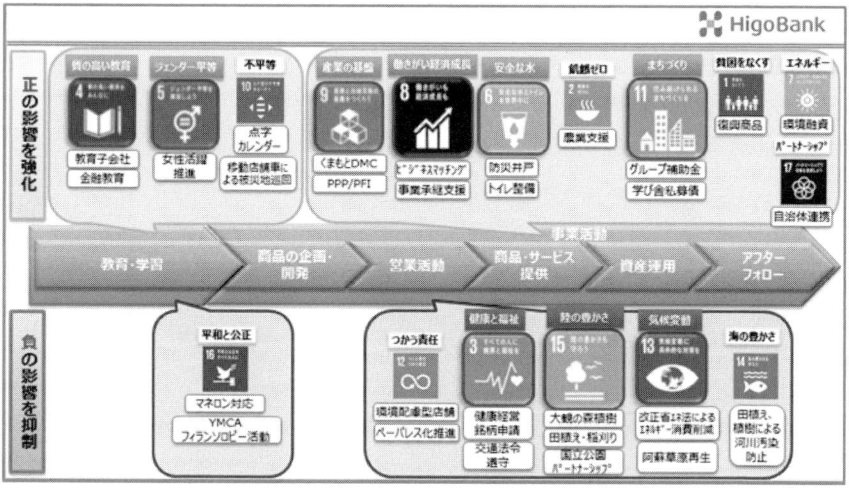

出所）肥後銀行コンサルティング営業部「SDGsコンサルティング業務のご案内」

③ 分析結果の報告を提出

図表9-6にバリューチェーン分析した17項目をプロットしていく。縦軸が

お客様・地域への影響であり，上に行くほど重要度が高い。横軸が取組数であり，右に行くほど取組数が多くなる。図の右上は取組数も多く，お客様・地域への影響も大きい。ここが成功事例である。図の左上はお客様・地域への影響で大きいにもかかわらず，取組数が少ない。ここの取組みを増やすことが優先課題である。図の左下はお客様・地域への影響が中程度であり，取組みも少ない。取組方法を変更し，影響度を大きくすることが求められる。図表9-6で最終的な分析を行い優先事項や取組みの強弱を報告書にまとめる。フェーズⅡの宣言案や具体的な施策へと引き継がれていく。

図表9-6　取組みと影響度での分析

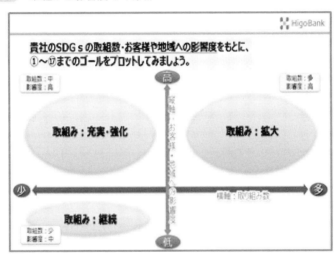

出所）肥後銀行コンサルティング営業部「SDGsコンサルティング業務のご案内」

（2）フェーズⅡ

④　宣言案，重要課題，目標協議，決定

　バリューチェーン分析や取組みと影響度での分析などから，これまでの活動内容と今後の取組みをまとめる。これに関連するSDGsの17項目を添付する。この中から重要課題を抽出し，目標を設定する。目標設定の際の視点は，以下の通りである。（1）現在/将来の事業に関連する重要な指標であるか，（2）一貫した方法基準において計測化，定量化が可能か，（3）通常軌道を超えた

野心的な目標であるか，④地域の持続可能性に貢献する指標であるか。これら（図表9-7参照）をホームページに掲載する。日本には「三方よし」という「相手」や「世間」を大事にする商文化が根付いている。しかし，これとともに心得とされる「隠徳善事」があり，開示が抑えられてきた。互いに共有し，触発され，発展していくことが重要である[14]。

図表9-7　株式会社Lib Workの目標

出所）株式会社Lib Workホームページ　https://www.libwork.co.jp/sdgs/

⑤ 宣言，目標の公表

　SDGs宣言では，会社の理念などとの繋がりやアウトサイド・インの考え方を参考に宣言に盛り込みたいキーワードを選択する（図表9-8参照）。インサイド・アウトの考え方は，過去のデータや現在の潮流，同業他社の達成度などから自社の目標や取組みを決定することであり，比較的容易である。SDGsとこれまでの取組みの紐づけ，今すぐできる取組みを検討できる。しかし，アウトサイド・インの考え方[15]は，社会のニーズを起点に目標や取組みを決定することであり，比較的困難である。ただし，現状の企業の実力と，社会的ニーズとのギャップに気づき，埋めようとすることでイノベーションや新たなビジネスチャンスが生まれる可能性がある。

　図表9-8　株式会社Lib Workの目標

出所）前掲株式会社Lib Workホームページ

⑥ 具体的な施策協議

　企業がSDGsへの貢献と経営強化を両立させるには，SDGsを経営戦略や計画に取り入れ，中核的事業として実施していく「SDGsの本業化」[16]を進める必要がある。肥後銀行のコンサルでは，働き方改革，健康経営，社会貢献活動，ES向上施策等の視点から取り組んでいる。紙片の関係上，ここでは働き方改革への取組みのみ取り上げる。

・働き方改革

　働き方改革は目標8のみのターゲットではない。働き方改革は，企業の生産性向上，事務効率化，コスト削減，従業員のモラール（士気，意欲）の向上などに資するため，競争力の強化につながる。しかし，中小企業では，労働基準法で定められた月45時間の時間外労働上限規制すら守られていない。まず，SDGsコンサルでは「45時間以上残業者ゼロ」を達成する。最初に，日次，週次，月次で残業の見える化を推進する。上司が部下の残業状況（残業で何の作業が行われるのか，残業にかかる時間など）を把握するため，日次で残業は2時間以内，週次で10時間以内を厳守し，「なぜ，残業が必要なのか記録に残す」コンサル支援を行う。また，就業規程で残業の事前申請が謳われているにもかかわらず，事前申請が行われていない。日次でSDGsコンサルが管理部門に事前申請の確認を促す。次に管理部門とコンサルで月次で45時間以上残業者のいる部門長に面談し，SGDsの目標8のターゲットを説明，研修する。最後に，45時間以上残業者と面談する。一日の作業内容を詳細に記録してもらい，無駄な作業（とりわけ，必要のないミーティングなど）を指摘する。働き方改革のコンサルを介して，残業することが「評価されること」「頑張っていること」という価値観からの転換を促進する。このことにより，残業の半減（月次で残業20時間以下），残業ゼロへと繋げていく。また，同時に有給休暇の取得を促進する。まず，納期への対応などで回避できない残業に対して代替・振替休暇の推奨の通達を出す。続いて，1年に5日間の有給休暇取得の義務化を受けて，管理部門での有給休暇取得の記録・確認を指示する。これにより会社が残業を望んでいないことを示し，従業員に対し余暇の過ごし方を充実してもらいたいことを伝える。残業削減，有給休暇の取得が一定程度で進展すれば，リモートワーク・ワーケーションなどを推し進める。リモートトワークは自立性を高め，効率性を向上させる。反面，会社との関係性が希薄化する。会社からのフィードバックの減少，管理職からの低評価，リモートワークを行わない同僚からの嫉妬，自立性からの過度の労働，技術多様性（キャリアアップ）への障害など課題も多い[17]。SDGsコンサルは社外の士業などと協力し，人事評価制度の見直し，日次，週次報告の開発，社内研修などによるリモートワークの理解向上，

システムによる労働環境の管理，リモートワークでの従業員に対するキャリアアッププランなどを支援していく。

（3）フェーズⅢ

⑦　県の登録制度申請手続き

　SDGs宣言や目標発表の後，SDGsコンサルは熊本県SDGs登録制度への申請を支援している。対投資家向けにはDJSI（Dow Jones Sustainability Index）やCDP（Carbon Disclosure Project）といった第三者機関の評価獲得，対消費者に対してはフェアトレード認証などの取得といった形で，第三者に自社の取組みを評価してもらい，その結果を開示することで信頼性が高まるのが実状である[18]。これらに範を取る形で熊本県のSDGs登録制度が SDGsへ取り組む企業を後押ししている。登録によるメリットは，SDGsの達成に積極的に取り組む企業等として県ホームページ等で対外的にPRする，登録事業者はオリジナルロゴマークを名刺等に使用することができる，登録費用は無料などである。登録制度の概要を見てみる。制度のHPでは，登録対象は「熊本県内に事務所等を有し，県内において事業活動を行う法人，団体又は個人事業主等。ただし，国，地方公共団体は除く。」となる。登録期間は３年間（更新可）で，登録要件は，現在，事業活動を通じてSDGsの取組みを推進しており，2030年の目指す姿や重点的な取組みを明確に示している。かつ，県税等租税公課の滞納がなく，県暴力団排除条例第２条に規定する暴力団，暴力団員，暴力団密接関係者でないこと，その他，公序良俗に反する行為及び重大な法令違反がないことなどである。

　熊本県SDGs登録制度の申請書類について検討する。図表９-９は登録制度申請書類の様式１である。SDGsに関連する項目について見てみると，重要な項目は「2030年のSDGs達成に向けた経営方針と目指す姿」「SDGsに関する重点的な取組み及び指標」「パートナーシップ」である。「2030年のSDGs達成に向けた経営方針と目指す姿」では，経営方針を決定する前に，企業の理念，ミッション，社是などが必要になる[19]。その後，経営方針の作成となる。なぜならば，2030年までという長い期間を示す経営方針は会社のあり方を問われるからである。また，中小企業においては企業理念，ミッション，社是が明確に

なっていない会社も多く，あった場合でも現状に適合せず，見直しが必要となる場合も多い。「SDGsに関する重点的な取組み及び指標」では，KPI設定が環境，社会，経済について求められる。KPIは事項との相関が重要であるだけでなく，持続的かつ簡便的に計測できるものでなくてはならない[20]。「パートナーシップ」では，顧客，生産者，取引先，行政機関との緊密なパートナーシップが求められる。つまり，SDGsという観点から 従来のパートナーシップでは不十分ということである。肥後銀行のSDGsコンサルはSDGsの観点から強力なパートナーシップとなる。図表９-10は登録制度申請書類の様式２である。内容はSDGs達成に向けた取組チェックリストである。縦列の項目は，組織・公正な取引，労働・人権，環境，製品・サービス，持続可能な社会・地方創生と５つに分類されている。その中でさらに50項目に細分され，一つずつ具体的な取組みを記入する。横行の項目は，具体的な取組みが17の目標のどれと関連するかを記入する。

以上，SDGs達成に向けた経営方針では，企業理念，ミッション，社是などを見直さなければならず，KPIの設定は持続性を求められる。また，チェック

図表９-９　SDGs登録制度申請書類　株式第１号

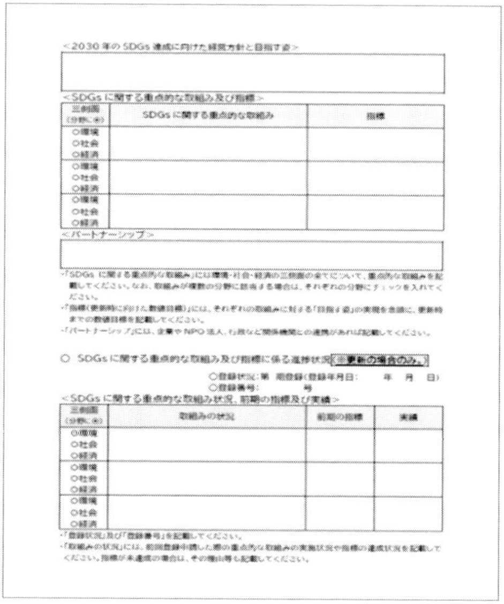
＜2030年のSDGs達成に向けた経営方針と目指す姿＞

＜SDGsに関する重点的な取組み及び指標＞

三側面（分野に○）	SDGsに関する重点的な取組み	指標
○環境 ○社会 ○経済		
○環境 ○社会 ○経済		
○環境 ○社会 ○経済		

＜パートナーシップ＞

・「SDGsに関する重点的な取組み」には環境・社会・経済の三側面の全てについて，重点的な取組みを記載してください。なお，取組みが複数の分野に該当する場合は，それぞれの分野にチェックを入れてください。
・「指標（更新時に向けた数値目標）」には，それぞれの取組みに対する「目指す姿」の実現を念頭に，更新時までの数値目標を記載してください。
・「パートナーシップ」には，企業やNPO法人，行政など関係機関との連携があれば記載してください。

○ SDGsに関する重点的な取組み及び指標に係る進捗状況（※更新の場合のみ。）

○登録状況：第　期登録（登録年月日：　年　月　日）
○登録番号：　号

＜SDGsに関する重点的な取組み状況，前期の指標及び実績＞

三側面（分野に○）	取組みの状況	前期の指標	実績
○環境 ○社会 ○経済			
○環境 ○社会 ○経済			
○環境 ○社会 ○経済			

・「登録状況」及び「登録番号」を記載してください。
・「取組みの状況」には，前回登録申請した際の重点的な取組みの実施状況や指標の達成状況を記載してください。指標が未達成の場合は，その理由等も記載してください。

図表9-10　SDGs登録制度申請書類　株式第2号

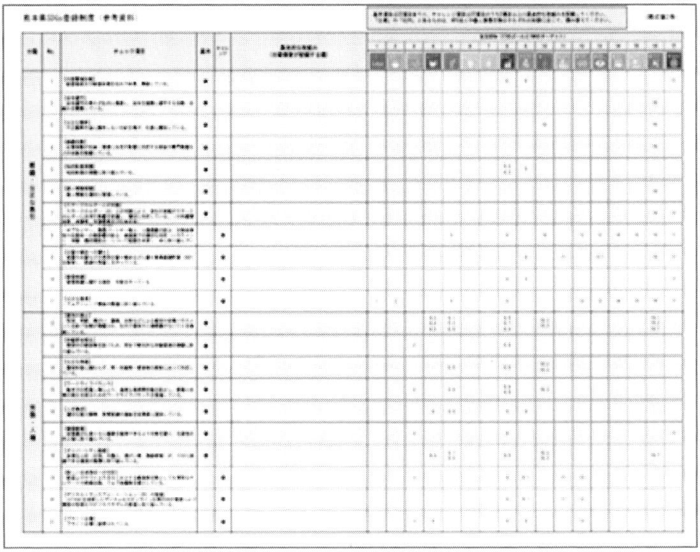

リストは50項目を17の目標と169のターゲットと結びつけなければならない。このようにSDGsの申請書類の記載内容は多岐にわたり，非常に策定が困難である。だからこそ銀行コンサルがパートナーとして支援することが必要になっている[21]。

⑧社内浸透策（社内勉強会，社内貢献活動の共同参加等），⑨実績を踏まえた年次度目標の設定協議は，一般的なコンサル事象あるいは後述するリレーコンサルティングと類似しており，紙面の関係上，ここでの説明は割愛する。

4　SDGsコンサルの事例研究　―サンロード社―

前述でSDGsコンサルの一般的な展開を見てきた。ここではSDGsコンサルの具体的な事例を紹介する。熊本県人吉市に所在するスーパーマーケットのサンロードを事例に取り扱う。

（1）サンロード社を取り巻く環境

　スーパーマーケットを取り巻く環境として，人口動態および人口構成が重要な要素として挙げられる。ここではサンロードがスーパーマーケットを展開する人吉市の人口動態および人口構成について見てみる[22]。図表9-11を見ると，人吉市の総人口は，2004年末3万8,431人から2021年3月末3万939人へと19.5％減少しており，年平均1.3％で減少している。この間，人吉市の人口は，一貫して減少し続けている。一方，図表9-12を見ると，65歳以上の高齢者人口は，2011年末1万534人から2021年3月末1万1,594人へと10.1％増加している。また，高齢化率（全体の人口に占める高齢者の割合）は，2011年29.6％から2020年8月37.2％へと7.6ポイント増加している。熊本県でも熊本市近郊では人口の増加する区や市が見られる。しかし，郡部と謂われる地域では一貫して人口が減少している。また，高齢者の人口が増加し，高齢化が進展していることがわかる。こうした状況の下で，熊本県人吉市および球磨村では，2020年7月3日から4日までの48時間で418.5mmから497mmの雨量が記録された。球磨川やその支流で氾濫が生じ，氾濫流による建物・橋梁の破壊・流失，および浸水による被害が生じた[23]。人吉市の水害が人口の増減に与えた影響について見てみる。人吉市の総人口は，水害前の2019年3万2,266人から水害後の2020年3万1,301人へと3.0％減少している。ここ16年間の平均人口増減率1.3％を大きく上回る減少率である。また，65歳以上の高齢者人口は，2019年末1万1,629人から2020年末1万1,609人へとほぼ横ばいである。反対に，高齢化率は，2019年36.0％から2020年36.8％へと0.8ポイント増加している。人吉の総人口は水害の影響で大きく減少した。しかし，高齢者の県外への移住は困難であったため，高齢者人口は横ばいであった。分母の総人口が大きく減少し，分子の高齢者人口が横ばいであったため，高齢化率は上昇を続けている。このことは，人吉市の就労可能人口を低下させ，高齢化にともなう買い物難民（店舗500m以上で自動車がない人口）[24]を増加させることになっている。就労可能な人口の減少は，労働集約型産業であるスーパーマーケット業界にとって死活問題である。また，買い物難民は既存のスーパーマーケットに新しいビジネスモデルを要求する。換言すれば，スーパーマーケットは就労可能な人口の減少問題，買い物

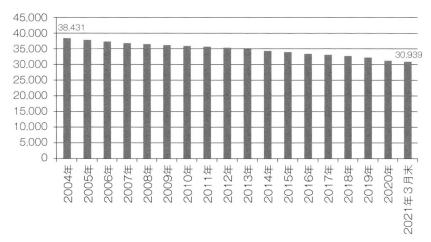

図表9-11　熊本県人吉市総人口（単位：人）

出所）人吉市ホームページ

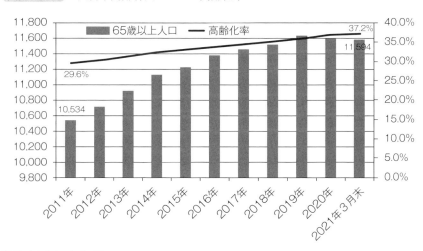

図表9-12　人吉市高齢者人口および高齢化率

出所）人吉市ホームページ

難民問題などに取り組まなければならない。就労可能な人口の減少問題では，
外国人労働者の受け入れや無人レジの導入などがある。また，買い物難民問題
においては，新しいビジネスモデルとして移動スーパーやネットスーパーなど

である。これらに取り組むことがSDGsの目標の達成となる。就業可能な人口減少の問題に取り組むことは，目標11「住み続けられるまちづくりを」に該当し，買い物難民問題に取り組むことは，目標2「飢餓をゼロに」に適合する。就業可能な人口を増加させるには，女性の登用を必要とし，目標5「ジェンダー平等を実現しよう」を実行に移さなければならない。買い物難民を救済するためには，移動スーパーが必要となり，新たな雇用を創出し，目標8「働きがいも経済成長も」を達成することになる。逆説的にはなるが，地方にはSDGsを達成しようとすれば，様々なビジネスチャンスが到来する。

（2）サンロード社の企業概要

　次に就労可能な人口の減少や買い物難民の課題を抱えるスーパーマーケット事業を営むサンロード社の企業概要を確認する。サンロード社の2021年1月期売上高は70億円程度であり，2016年5月期から2021年5月期まで年平均成長率は3.1％であった。人吉・球磨地域の人口が年率1％で減少するにもかかわらず，年平均3％前後の売上高成長率を実現している。これは驚異的なことである。サンロード社の事業は，スーパーマーケット事業，コンビニエンス事業，書店事業，その他事業から構成されている。スーパーマーケット事業では，9カ店[25]を出店し，人吉市の主要な地域を網羅している。ただし，県外資本や熊本全域をチェーン展開するスーパーマーケットから攻勢を受けている。サンロード鬼木店は高速道路のインターチェンジの近辺に立地する。このため，自動車の往来が多く競合他社が多く存在する。競合他社としてはイスミ商事イスミインター店，ドラックストア・コスモス，鮮ど市場人吉店がある。サンロード鬼木店は中小型店となる。中小型店のためイスミインター店に苦戦している。コスモスは上場企業のドラックストアであるため，安売りで苦戦を強いられている。鮮ど市場人吉店がサンロード鬼木店にとって最も脅威となっている。鮮ど市場は熊本県下を中心に展開する地域スーパーであり，熊本県資本で最も大きいスーパーマーケットである。鮮魚コーナーは品揃え，価格で全国展開のスーパーマーケットチェーンを凌駕する。コンビニエンス事業では，ファミリーマートのフランチャイズ形式で12カ店[26]を出店している。出店場所は人吉・球磨地域9店舗，熊本市内2店舗，その他1店舗となっている。コンビニエン

ス事業が全体の売上高の増加に貢献している。近年，後継者不足による事業譲渡が熊本市内のコンビニエンスストアで頻繁に行われている。サンロード社もこれに乗じて熊本市内の事業譲渡を引き受けている。書籍事業では，明屋書店の形態で4カ店を出店している。明屋書店は業績に苦しんでいる。Amazonなどのインターネットショッピングに押される状態である。また，固有の要因としては在庫管理などの経営の非効率などによる。

（3）既存の「SDGs的な」取組み

　サンロード社は厳しい外部環境にも関わらず，業績は好調である。こういう状況でサンロード社の「SDGs的な」取組みを検討してみる。まず，サンロード社のホームページ[27]を見てみる。子育て支援および女性活躍推進が掲載されている。厚生労働省の「一般事業主行動計画の策定・届出等について」に基づいて作成していると思われる。従業員101人以上の企業には，行動計画の策定・届出，公表・周知が義務付けられている。次に書店事業を介して地域への教育の提供をしている。リアル店舗の書籍事業はインターネットショッピングの隆盛で衰退の一途を辿っており，これにともない収益も黒字化を達成できていない。銀行グループは書店から100円ショップへの業態転換を推奨している。しかし，代表取締役は地域への教育機会の提供として業態転換を拒んでいる。またスポーツ事業の展開により地域住民の健康を促進しようとしている。人吉・球磨地域にはゼビオ，スポーツデポ，ヒマラヤ，スポーツオーソリティなどのスポーツ量販店がない。サンロード社は，本社のあるサンロードシティにスポーツ量販店の誘致を行っている。サンロードシティは人吉・球磨地域で唯一の大型ショッピングモールである。ユニクロ，イエローハット，DCMダイキ，エディオンなど全国展開の量販店が入店し，地域社会に雇用を提供し，消費ニーズを満たそうとしている。さらに水害により壊滅的な被害を受けたホテル・旅館の再生支援を行っている。サンロード社の代表取締役が歴史のある旅館の顧問に就任し[28]，再建を指導している。サンロード社の代表取締役が，旅館のコンセプト設定，デザイン・設計，業者の設定などにアドバイスを出している。

　以上の取組みは，あくまでも「SDGs的な」取組みでありSDGsの取組みでは

ない。それぞれが散発的な取組みで，統合性と包括性がない。また，SDGsの目標17項目で欠落する項目が多く，波及効果，相乗効果が低い。また，「三方よし」と同様に隠徳善事が是とされ，SDGsの取組みが公表されず，誰もその取組みを知らないでいる。また，子育て支援および女性活躍推進はホームページに掲載されているが，厚生労働省から指摘されて掲載されているに過ぎない。この状態であれば，従業員が腹落ちせず，自分ごと化して取り組むことができない。かつ，書籍事業においてはSDGsへの取組みそれ自体が収益の源泉となっておらず，赤字事業になっている。スーパー事業，コンビニ事業の収益性により書籍事業の赤字を補てんする構造になっている。本来，SDGs事業は儲かる事業である。最もSDGsでない要因はパートナーシップの欠如である。ホテル・旅館の再生の支援では，人吉・球磨地域の人的，地縁的なつながりのみで対応されてしまっている。情報の収集，公開された入札などが行われれば，素晴らしいネットワークが構築される可能性があるにもかかわらず，銀行グループとのパートナーシップの連携すら遅れた状況であった。このようなことからサンロード社は「SDGs的な」取組みを脱却し，真のSDGs活動に取り組むべく，肥後銀行のSDGsコンサルに依頼することなる。

（4）県のSDGs登録制度申請に向けて

サンロード社のSDGsコンサルでは，毎月1回，2時間以上のコンサルが10カ月間行われる（図表9-13）。講師は次長，課長代理2名と用意周到な布陣である。方式はセミナー方式で対話を重視している。サンロード側の参加者は，部長，課長，支店長など20名である。社長，常務などのトップマネジメントは参加せず，ミドルマネジメントや現場責任者が参加する形になっている。これは従業員がSDGsを自分ごと化して取り組むという意図による。

最初の段階で他企業のSDGsへの取組みや取り込まなかった場合のメリット・デメリットが詳細に説明された。とりわけ，人吉・球磨地域の競合他社のイスミ商事のSDGsの取組みは参考になった。イスミ商事は移動スーパーで人吉・球磨地域の買い物難民の支援を行っている。食物残渣の処理装置事業では自社の食物残渣を焼却処理せずにバイオ分解処分し，事業自体を他企業へ展開し，新事業を立ち上げようとしている。また，熊本県下の若手経営者とパートナー

図表9-13　委員会開催日程について

HigoBank

年月	開催日	時間(予定)	実施内容
2021年6月	6月17日	2時間	SDGs取り組み説明・貴社事業との紐づけ
2021年7月	7月14日	2時間	マッピングの精緻化・バリューチェーン分析
2021年8月	8月19日	2時間	バリューチェーン分析精緻化、熊本県SDGs登録制度、取組と影響度分析
2021年9月	9月16日	2時間	バリューチェーン分析完成・取組と影響度分析 熊本県SDGs登録制度について
2021年10月	10月21日	2時間	取組と影響度分析の完成・優先課題特定
2021年11月		2時間	SDGs宣言・KPI・目標値の検討
2021年12月		2時間	KPI・目標値・宣言内容の決定
2022年1月		2時間	アクションプラン案の決定
2022年2月		2時間	アクションプランの詳細決定
2022年3月		2時間	最終報告（個別に検討致します）

出所）肥後銀行コンサルティング営業部「SDGs委員会資料」

図表9-14　バリューチェーン分析　H店長様

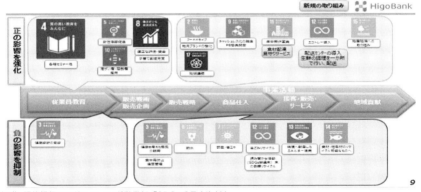

出所）肥後銀行コンサルティング営業部「SDGs委員会資料」

シップでつながっている。ただし，まだ，県の登録制度に登録されておらず，SDGs的な状況である。

　次に図表9-14のバリューチェーン分析を作成する。SDGsコンサルの各回で他社の事例が多く紹介され，サンロード社のバリューチェーン作成への示唆とした。サンロード社の事業とSDGsの17の目標を各3事項ずつ紐づけていった。加えて，本業と本業外に分別した。サンロード社のバリューチェーン分析では，

事業活動のどの部分が価値を生み出し、どの活動に強み・弱みがあるのかを分析した。全体を見える化し、前段で他社と比較したことから強化・改善すべき事業を選定した。当然、これらの作業は企業のミッション、事業領域、マーケットのポジショニングなど経営戦略の見つめ直しになった。これらを部長、課長、支店長たちが考え、各々の案を提出し、SDGsコンサルがSDGs案へとまとめた。

　続いて図表9-15の取組みと影響度での分析を作成する。バリューチェーン分析で作成された取組みをプロットしていき、部長、課長、支店長が各々の取組みと影響度での分析を提出した。取組みと影響度分析を作成する下で、どの目標をどこにマッピングしたかその理由も含めて協議していった。最終的にマッピング数を確認し、左上のお客様・地域への影響度が高く、取組数の少ない目標は、目標5、6、7、9、10、13、15となった。これらを中心に県のSDGs登録制度に盛り込んでいく。

　最後のフェーズとしてSDGs登録制度申請書類を確認した（図表9-16）。取組みと影響度での分析で得た結果をSDGsに関する重点的な取組み及び指標に盛り込んでいった。サンロード社において、環境面での重点的な取組みは「環

図表9-15　取組みと影響度での分析〜Ｉ課長様〜

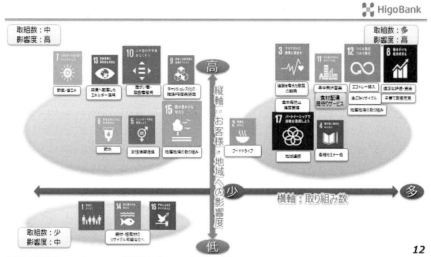

出所）肥後銀行コンサルティング営業部「SDGs委員会資料」

事業者名：サンロード株式会社

＜2030年のSDGs達成に向けた経営方針と目指す姿＞

「地域と共に明るい未来を切り開く」をスローガンとし、地域に根差し、地域に貢献すると共に、環境、社会、経済の全ての面で当社が貢献できることを常に考え、実行することによりSDGs達成を目指します。

＜SDGsに関する重点的な取組み及び指標＞

三側面 （分野に ◎）	SDGsに関する重点的な取組み	指標
◎環境 ◎社会 ◎経済	・環境汚染予防を目指してトレー回収比率 　向上させる。	・2025年までにトレー回収 　率を5％アップ目標
◎環境 ◎社会 ◎経済	・ダイバーシティ経営をめざし女性管理職比 　率を向上させる。	・2025年度までに35％以上
◎環境 ◎社会 ◎経済	・人材育成を図るための社内研修会の実施	・年間4回開催

＜パートナーシップ＞

お客様、生産者様、取引先様、行政機関との緊密なパートナーシップを構築し「地産地消」に努め「地域の食料品のインフラ」を担う企業として、更なる地域の発展に寄与します。

出所）肥後銀行コンサルティング営業部「SDGs委員会資料」

境汚染予防を目指してトレー回収比率を向上させる」，指標は「2025年までにトレー回収率５％アップを目標」とした。社会面では「ダイバーシティ経営をめざし女性管理職比率を向上させる」，指標は「2025年度までに女性管理職比率を35％以上」とした。経済面では「人材育成を図るための社内研修会を実施する」，指標は「年４回開催する」とした。

　以上の分析およびSDGs登録制度の重点的な取組みから2030年のSDGs達成に向けた経営方針と目指す姿を「『地域と共に明るい未来を切り開く』をスローガンとし，地域に根差し，地域に貢献すると共に，環境，社会，経済の全ての面で当社が貢献できることを常に考え，実行することによりSDGs達成を目指します」とした。

（5）SDGsへの取組みで得た随伴的な結果

　サンロード社は2030年のSDGs目標達成に向けて大きく舵を切った。また，サンロード社はSDGsの目標達成のみならず，経営にとってより重要なことを得た。ここではSDGsへの取組みで得た随伴的な結果について述べる。

・業務領域の見直し

　2030年のSDGs達成に向けた経営方針と目指す姿を「『地域と共に明るい未来を切り開く』をスローガンとし，地域に根差し，地域に貢献すると共に，環境，社会，経済の全ての面で当社が貢献できることを常に考え，実行することによりSDGs達成を目指します」とした。これらを導き出す際に地域という言葉を人吉・球磨に置き換えようとした。当然，地域とは，サンロード社にとって人吉・球磨を指し示すものと思ったからである。しかし，現状のサンロード社は売上高の伸長を熊本市内のコンビニエンスストア出店によって支えられている。サンロード社にとって地域とは人吉・球磨地域とはズレが起こってきている。このことは事業領域を人吉・球磨地域に限定しスーパー事業のブラッシュアップに注力するのか，熊本県という地域社会を事業領域にするのかを再考させる機会となった。今後，ミドルマネジメントが経営戦略を策定する際に重要な要素となる。

・企業理念の見直し―社歌の再確認―

　2030年のSDGs達成に向けた経営方針と目指す姿を導き出す際に，サンロード社が大事にしてきたことを確認する機会が訪れた。ミドルマネジメント層にはサンロード設立当初より在籍する者が少なく，企業理念などを確認する方法がなかった。そこで社歌を聞き直すことになった。社歌で繰り返し出たキーワードは「お客様」，「笑顔」であった。これらのキーワードが今後の会社のミッションや経営戦略に影響を及ぼす。

・ミドルマネジメントの経営への参画

　肥銀キャピタルは地域活性化ファンドを介しサンロード社へ投資を行っている。投資先のバリューアップのため，ハンズオン支援として経営コンサルも行っている。サンロード社のミドルマネジメントが講師となり，社員研修を行うというコンサルを企画した。まず，どのように取り組むか，ミドルマネジメントにヒアリングを行った。この時の印象では「経営はオーナーがするもの」「教育・研修は会社がするもの」「従業員は口出ししない」という感じであった。

結果として人吉・球磨激甚水害に襲われ中止となった。その後，SDGsコンサルが行われ，劇的にミドルマネジメントの意識と表情が変わった。SDGsへの取組みをとおして，会社，人吉・球磨，環境を変えるには，自分たちが変わらなければ変わらないことが分かった。つまり，変われば変えられることに気付いた。現在，ミドルマネジメントは積極的に会社の経営にも関与している。

5　おわりに

　当初，熊本県中小企業のSDGsに対する認知度は低かった。しかし，ここ数年で全国でもトップクラスのSDGsへの取組改善が見られた。肥後銀行のSDGsコンサルによる影響が大きかった。肥後銀行のSDGsコンサルは10カ月間，月一度以上訪問して行われた。SDGsコンサルはSDG Compassに範を取り，3つのフェーズに分けて進められていた。フェーズⅠでは，中小企業が腹落ちし，自分ごと化して取り組み，SDGsへの取組みそれ自体が収益の源泉となるように努めた。また，マッピング，バリューチェーン分析では，SDGs17ゴールを統合し包括することに重点が置かれ，取組みと影響度分析では取り上げたターゲット数を分析し，SDGs登録制度で設定する重点ゴールを見極めた。フェーズⅡでは，「三方よし」の隠徳善事の思想から脱し，SDGsの取組みをホームページに掲載し，社会やパートナーと互いに共有し，触発され，発展していくことを重要視した。フェーズⅢでは，県のSDGs登録制度への登録を促進した。第三者に自社の取組みを評価してもらい，その結果を開示することで信頼性が高まるのが実状であった。事例では，スーパーマーケットのサンロード社を紹介した。サンロード社は外部環境として就労可能な人口の減少，高齢化比率の上昇に苛まれていた。しかし，サンロード社はコンビニエンス事業を中心に事業を拡張させていた。こうした下でSDGs的な取組みを多く行っていた。しかし，SDGs的な領域を超えていなかった。肥後銀行のSDGsコンサルを受け入れることでSDGsへ取り組むターゲットが明確になった。また，県のSDGs登録制度にも登録することができた。また，経営において随伴的な結果も現れた。事業領域や経営のミッションが明らかになり，何よりもミドルマネジメントが自

分ごと化し，経営に参画するようになった。

　ただし，SDGsコンサルは10カ月で終わる。SDGsへの取組みはそれでは終わらない。むしろその後のSDGsへの取組みの方が困難で長い道のりである。当然，肥後銀行グループでは地域の中小企業を支援することを考えている。肥後銀行グループは従来の貸出業務からフィービジネスへと舵を切っている。新しいビジネスモデルとしては，リレーコンサルティングがある。リレーコンサルティングとは，SDGsコンサルからSDGsのKPI管理を中心とした経営改善コンサルティングへ移行することである。サンロード社の場合でも，目標4として年4回行われるセミナーの講師派遣や目標9としてキャッシュレス化の推進PB商品開発の支援，目標15として地産地消の取組みの仕組みづくりなどが考えられる。今後，リレーコンサルティング業務のスキーム確立が急務である。

注―――――――――――
1　経済産業省「SDGs経営ガイド」2019年9月，5ページ。
2　経済産業省 関東経済産業局，一般財団法人日本立地センター「中小企業のSDGs認知度・実態等調査結果（WEBアンケート調査）2018年12月。
3　総務省統計局「平成28年経済センサス―活動調査」2016年
4　経済産業省 関東経済産業局，前掲。
5　熊本県本社所在の上場企業は，株式会社Lib Work，株式会社ビューティ花壇，株式会社ヤマックス，平田機工株式会社，グリーンランドリゾート株式会社，株式会社アーバンライクである。
6　帝国データバンク福岡支店「SDGsに関する九州企業の意識調査（2021年）」
　　https://www.tdb.co.jp/report/watching/press/pdf/s210802_80.pdf，2021年8月11日。本調査は，「TDB景気動向調査」（2021年6月調査）とともに実施したもので，全国調査分から九州の企業を抽出し，分析した。調査期間は2021年6月17日～30日，調査対象は2,123社で，有効回答企業数は963社（回答率45.4％）。なお，SDGsに関する調査は2020年7月発表（2020年6月調査）に続く2回目。熊本県内企業は127社。
7　「熊本日日新聞」2021年09月10日，https://kumanichi.com/articles/389434
8　「SDG Compass SDGsの企業行動指針―SDGsを企業はどう活用するか―」
　　https://sdgcompass.org/wp-content/uploads/2016/04/SDG_Compass_Japanese.pdf，2021年11月23日引用。
9　熊本トヨタ自動車株式会社（自動車販売店），株式会社コンシェルジュ（不動産仲介業），株式会社Lib Work（住宅メーカー）などを事例に挙げている。
10　企業広報戦略研究所「全国生活者1万500人を対象とした『2019年度 ESG/SDGsに関する意識調査』https://www.dentsuprc.co.jp/csi/csi-outline/20191024.html，2019年10月24日。

11　㈱日本総合研究所ESGリサーチセンター編著『行職員のための地域金融×SDGs入門』経済法令研究会，2020年，35〜36ページ。

12　蟹江憲史『SDGs（持続可能な開発目標）』（中公新書）中央公論社，2020年，135〜137ページ。

13　南博・稲葉雅紀『SDGs—危機時代の羅針盤』岩波新書，2020年，19ページ。

14　笹谷秀光『経営に生かすSDGs講座』環境新聞社，2018年，9ページ

15　村上周三・遠藤健太郎・藤野純一・佐藤真久・馬奈木俊介『SDGsの実践　自治体・地域活性化編』事業構想大学院，2019年，25〜27ページ。

16　沖大幹・小野田真二・黒田かをり・笹谷光秀・佐藤真久・吉田哲郎『SDGsの基礎』事業構想大学院大学出版部，2018年，26〜27ページ。

17　Oldham, G. R., & Hackman, J. R.（2005）. *How job characteristics theory happened. In The Oxford handbook of management theory*: The process of theory development, 151-170.

18　モニターデトロイト編『SDGsが問いかける経営の未来』日本経済新聞出版社，2018年，169ページ。

19　村木則予『中小企業のサステナブルブランディング』エベレスト出版，2021年，38〜41ページ。

20　SDGs白書編集委員会編『SDGs白書2020-2021』インプレス R&D，174〜178ページ。

21　ピーターD.ピーダーセン，竹林征雄編著『SDGsビジネス戦略』日刊工業新聞，2019年，54ページ。

22　林幸治編　日本中小企業・ベンチャービジネスコンソーシアム著『新中小企業論』文真堂，2021年，114〜116ページ。

23　国立研究開発法人防災科学技術研究所「令和2年7月豪雨による熊本県人吉市および球磨村渡地区の洪水被害の特徴」https://www.bosai.go.jp/　2020年9月24日アクセス

24　農林水産政策研究所定義

25　9カ店は西間店，下原田店，瓦屋店，鬼木店，シティ店，免田店，多良木店，サンロード駅店，湯前店

26　12カ店は下原田店，土手町店，中青井店，相良店，木上店，免田店，多良木店，サンロード駅店，熊本良町店，シティ店，菊水店，熊本浜線店

27　http://www.sunroad.info/plan.html，2021年12月29日アクセス。

28　正確には代表取締役の実弟が顧問に就任し，実質的には代表取締役がアドバイスをしている。

参考文献————————

SDGs白書編集委員会編『SDGs白書2020-2021』インプレス R&D

沖大幹・小野田真二・黒田かをり・笹谷光秀・佐藤真久・吉田哲郎『SDGsの基礎』事業構想大学院大学出版部，2018年

Oldham, G. R., & Hackman, J. R.（2005）. How job characteristics theory happened. In *The Oxford handbook of management theory: The process of theory development*, Oxford UK: Oxford University Press.

蟹江憲史『SDGs（持続可能な開発目標）』（中公新書）中央公論社，2020年

㈱日本総合研究所ESGリサーチセンター編著『行職員のための地域金融×SDGs入門』経済
　　法令研究会，2020年
経済産業省「SDGs経営ガイド」2019年9月
経済産業省 関東経済産業局，一般財団法人日本立地センター「中小企業のSDGs認知度・実
　　態等調査結果（WEBアンケート調査）2018年12月
笹谷秀光『経営に生かすSDGs講座』環境新聞社，2018年
ピーターD.ピーダーセン，竹林征雄編著『SDGsビジネス戦略』日刊工業新聞，2019年
総務省統計局「平成28年経済センサス—活動調査」2016年
南博・稲葉雅紀『SDGs—危機時代の羅針盤』岩波新書，2020年
村上周三・遠藤健太郎・藤野純一・佐藤真久・馬奈木俊介『SDGsの実践　自治体・地域活
　　性化編』事業構想大学院，2019年
村木則予『中小企業のサステナブルブランディング』エベレスト出版，2021年
林幸治編　日本中小企業・ベンチャービジネスコンソーシアム著『新中小企業論』文真堂，
　　2021年
モニターデトロイト編『SDGsが問いかける経営の未来』日本経済新聞出版社，2018年

（中西正行）

経営者とSDGs②　SDGsブームに対する危惧と経営者の責任

　経営者として，少々危惧することは，環境活動や社会活動とSDGsを安易に紐づけしてしまうことである。日本においては，企業レベルや個人レベルで，精力的に環境活動を行ってきた。例えば，社を挙げての周辺のゴミ拾いなどのボランティア活動は環境問題の解決に向けた活動の一つであり，素晴らしいことである。高齢者や子供に関わる問題の解決に向けた支援活動，これも素晴らしいことであり，今後も継続していただきたいと思う。また，企業収益の一部を慈善団体やNPO，NGOに寄付をすることも同様である。企業における技術開発や既存の活動が，SDGsの取組みに相応しいものであることも多くあると思う。しかしながら，それらの取組みをSDGsの17の目標に紐づけたところで，17の目標が達成されるわけではない。最近は様々なメディアで，日本各地の企業や学生，個人の取組みなど，日本各地の事例が紹介される。非常に日本的なのだが，「SDGsな取組み」と，形容詞で使われたりする。SDGsに取り組むということはそういうことではなく，SDGsの17の目標と169のターゲットを読み込み，世界の現状を知り，そのうえで日本とそれぞれの地域の現状を相対的に掴み理解したうえで，2030年にむけた経営や事業のビジョンを明確に描くことが前提となる。そして，そこからバックキャスティングで経営計画，事業計画をたて，行動目標と数値目標を掲げ，達成度や進捗状況を測り，修正していく。このプロセスに対して，効率的効果的に経営資源を投入することが，最近よく言われるようになったSDGs経営でありサステナビリティ戦略というものであろう。

　SDGsに取り組むことは，将来世代への責任でもある。産業革命以降，人類は凄まじい勢いで経済発展をとげてきた。そして経済的物質的豊かさを享受してきた。一方，様々な社会問題，環境問題を生み出したことも事実である。そもそもの日本における経営観は，持続可能性というものをベースとしたものだったと思う。しかしながら近代以降，資源をより沢山使って経済規模を膨らませることが経済活動であると，それが当たり前となった。と同時に，私達の経済活動が限界を迎えていると，多くの人が認識している。私達は，今の社会問題や環境問題を解決する最後の世代とも言われる。私達の次の世代，そしてそれ以降の世代に，私達は何を残すべきであろうか。現在の社会を形作るイデオロギーを超えて，将

来世代に健やかで豊かな社会と環境を手渡していくことが，経済のあり方であり，経営の責任とも言える。

　企業経営者は視座を高め，視野を広げ，視点を多く持ち，近視眼に陥ることなく，経営のかじ取りを行うべきと思う。私益から公益へ，公益が実現されるとき，間違いなく私益も実現されている。社会性，公益性，そして道徳観と倫理観が経営に求められる時代であり，経営戦略にも反映されるべき視点であり考え方である。経営トップはじめ，全ての社員が社会や自然環境というものに関心を持ち，真摯に学ぶ姿勢が必要で，経済のベースであるということを再認識したい。SDGsは2030年をゴールとしている。しかし人間社会も自然も2030年後もずっと続き，その後がどうなっているかは私達一人ひとりの考え方と生き方次第である。生きとし生けるものが健やかに共生する社会や環境を実現することが，企業経営の使命であり役割であることを認識すべきと考える。将来世代に対する責任感を持つことが，SDGsに取り組むことと同義語であることを改めて訴えたい。ささやかな中小企業経営者の一人として，私なりに世の中を俯瞰した実感でもある。

（安並　潤）

第 **3** 部

中小企業のSDGsと
金融・人材育成・環境・DX

第 **10** 章

地域金融機関のSDGs金融

1　SDGs金融とは

　本章では，SDGsの観点から地域金融機関が中小企業に対して，どのような資金提供を行っているのかについて検討する。地域金融機関とは地方銀行，第二地方銀行，信用金庫，信用協同組合（信用組合）を指すが，今回は地方銀行について扱う（以下，地域金融機関）。

　中小企業の財務は間接金融が主流であるため，中小企業が資金調達を行う場合，主に地域金融機関がその資金を供給する役割を担う。地域金融機関は中小企業の経営状況や事業内容に基づいて審査し，資金を供給している。では，地域金融機関はSDGsに取り組む中小企業に対して資金を提供しているのであろうか。

　商工総合研究所（2020）では，「金融機関こそがESG金融を拡大させ，中小企業のCSR，SDGsを金融面から支援することが期待されている」とその役割を重視している。しかし，その一方で「CSR，SDGsへの取組みは価格設定が

難しいため，取組みに要する費用と得られる便益の大小関係の計測も困難。金融機関がESG金融を推進することは必ずしも容易ではない」とも述べており，地域金融機関による中小企業へのESG金融の課題も指摘している。

　ここで出てくるESG金融とは，「企業分析・評価を行う上で長期的な視点を重視し，環境（Environment），社会（Social），ガバナンス（Governance）情報を考慮した投融資行動をとることを求める取組み」である。しかし，SDGsの概念が登場し，世界の潮流がESG金融を含めて大きく変化し，定義づけや区分が不十分である[1]。そこで，ESGやSDGsの概念を含め「持続可能な社会への変革に向けて，SDGsの達成に取り組む企業の非財務的価値やESG要素等も評価し，金融市場からの資金流入等を通じて成長を支援すること」をSDGs金融と定義する[2]。地域金融機関が中小企業に対して，どのようなSDGs金融を行っているかを具体的な事例をあげながら見ていこう。

2　地域金融機関を取り巻く原則の乱立

　2006年，国連環境計画・金融イニシアティブ（UNEP FI）および国連グローバル・コンパクトによって「責任投資原則（PRI: Principles for Responsible Investment）が発表され，投資家の投資行動の規範となった。その銀行版の行動規範として，UNEP IFにより「責任銀行原則（PRB: Principles for Responsible Banking）が2019年に発効された。しかし，2022年1月現在，日本の金融機関で署名しているものは8つであり，そのうち地域金融機関は滋賀銀行（2020年2月署名）と九州フィナンシャルグループ（2020年9月）だけである[3]。

　PRBに署名している金融機関が少ない理由として，環境大臣の諮問により2011年10月にまとめられた「持続可能な社会の形成に向けた金融行動原則（21世紀金融行動原則）」(PFA 21: Principles for Financial Action for 21st Century)の存在があげられる[4]。2021年11月の段階で295社の金融機関が署名しており，地方銀行，第二地方銀行，信用金庫，信用組合もリストに名を連ねている。PFA 21では，持続可能な社会の形成のために必要な責任と役割を金融機関どう果たすのか，その行動指針として発表されており，7つの原則が設けられて

いる（図表10-1）。

SDGsやPRBが設定される以前にPFA 21が設けられているため，この原則の中にSDGsという言葉は用いられていない。しかし，持続可能な社会の形成に金融機関がどう寄与するのかを念頭においた原則になっており，方向性はSDGsと同じである。地域金融機関はこういった原則に署名をしているためにPRBに署名をしていない理由の1つと推察する。さらには，PRBへの署名をしていない理由として，「インパクト分析をどの程度まで実施すべきかわからない」や「PRB署名の動機付・メリットがわからない」，「気候関連財務情報開示タスクフォース（TCFD：Task Force on Climate-related Financial Disclosures）におけるシナリオ分析との違いが不明瞭」といった理由があげられている[5]。昨今，金融機関を取り巻く状況は，PRBやPFA21，TCFDなど複雑化していて，

図表10-1 21世紀金融行動原則の7つの原則

【原則1】
　自らが果たすべき責任と役割を認識し，予防的アプローチの視点も踏まえ，それぞれの事業を通じ持続可能な社会の形成に向けた最善の取組みを推進する。
【原則2】
　環境産業に代表される「持続可能な社会の形成に寄与する産業」の発展と競争力の向上に資する金融商品・サービスの開発・提供を通じ，持続可能なグローバル社会の形成に貢献する。
【原則3】
　地域の振興と持続可能性の向上の視点に立ち，中小企業などの環境配慮や市民の環境意識の向上，災害への備えやコミュニティ活動をサポートする。
【原則4】
　持続可能な社会の形成には，多様なステークホルダーが連携することが重要と認識し，かかる取組みに自ら参画するだけでなく主体的な役割を担うよう努める。
【原則5】
　環境関連法規の遵守にとどまらず，省資源・省エネルギー等の環境負荷の軽減に積極的に取り組み，サプライヤーにも働き掛けるように努める。
【原則6】
　社会の持続可能性を高める活動が経営的な課題であると認識するとともに，取組みの情報開示に努める。
【原則7】
　上記の取組みを日常業務において積極的に実践するために，環境や社会の問題に対する自社の役職員の意識向上を図る。

出所）21世紀金融行動原則HP（pfa21.jp）をもとに作成

金融機関は対応に混乱をきたしていると推察する。

3 地域金融機関による中小企業へのSDGs金融の手法

　地域金融機関の多くがPRBに署名をしていないが，中小企業向けのSDGs金融は様々な形で実施されている。ローンの利子優遇や環境格付に基づいた社債の金利優遇などがあるが，地域金融機関のSDGs金融の手法は融資と社債を活用したものに分類でき，本章ではこのうち社債に焦点を当て議論を行う[6]。地域金融機関は中小企業が発行した私募債を引き受ける形態で資金を提供している。金融機関によってその私募債の名称は様々であるが，本章では「ESG私募債」と呼ぶことにする。

図表10-2　ESG私募債の類型

①社会課題取組み型 社会課題解決などに取り組んでいる企業を対象とした私募債（環境問題，SDGsに取り組んでいる企業）
②寄付型 金融機関が私募債発行額の一定の割合を社会課題解決の取組みや学校，病院に寄付する私募債（手数料から支払う）
③混合型（上記①と②共に該当する）
④グリーンボンド型（資金使途が環境に関する取組みに限定）

出所）筆者作成

　地域金融機関が取り扱う中小企業向けESG私募債は，その特徴から①社会課題取組型，②寄付型，③混合型，④グリーンボンド型の4類型に分類できる（図表10-2）。①社会課題取組型は，企業自身が環境問題に取り組んでいたり社会課題に取り組んでいたりしており，そういった企業の取組みを金融機関が評価し，企業が発行した私募債を引き受けるものである。②寄付型は社債を発行した際に中小企業が金融機関に対して支払う発行手数料や金利の一部を，中小企業が指定する医療機関や教育機関など団体に金融機関が寄付するものであ

る（図表10‐3）。③混合型は発行する中小企業が社会課題解決や環境問題に取り組んでおり，かつ私募債を発行する際に金融機関に支払う金利や手数料の一部を団体に寄付する①社会課題解決型と②寄付型両方の要件がそろったものである。そして，④グリーンボンド型は中小企業が発行する私募債の資金使途が環境に関する取組みに限定されているものである。

図表10‐3　②寄付型の私募債のスキーム

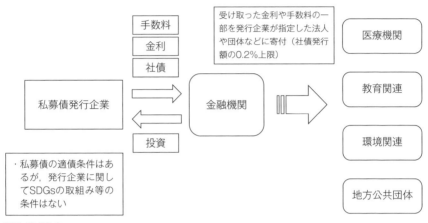

出所）筆者作成

　中小企業が私募債を発行するスキームは，従来の銀行保証付私募債のスキームもしくは特定社債保証制度を用いている。適格基準を満たした中小企業が私募債を発行するにあたり，金融機関や信用保証協会の保証を付すことで，デフォルトした際に社債を購入した投資家のリスクが軽減することになる。しかし，私募債を購入する投資家，保証人，財務代理人等はすべて金融機関がその役割を担っており，金融機関は投資家としての利子のほか保証料，手数料も受け取ることができるスキームであり，中小企業にとって私募債の活用はコストが割高になる（図表10‐4）。

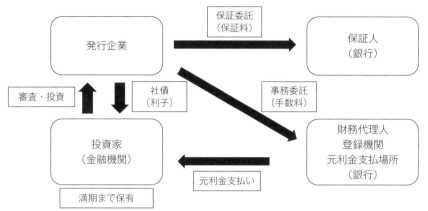

図表10-4 銀行保証付私募債のケース

企業が発行する社債の元利金支払を，銀行等金融機関が保証することにより，無担保での社債発行を可能とするスキーム。財務代理人手数料や引受手数料等の各種手数料のほか，保証する銀行に対して保証料を支払う。

出所）筆者作成

4 　地域金融機関によるSDGs私募債の事例（群馬銀行）

　群馬銀行は1932年に群馬大同銀行として設立され，群馬県前橋市に本店，県内に110，県外に48の支店を有する地方銀行である。2022年1月現在，群馬銀行はPRBに署名をしていないが，「群馬銀行グループSDGs宣言」を発表している。同宣言の中で，目標4「質の高い教育をみんなに」，目標8「働きがいも経済成長も」，目標11「住み続けられるまちづくりを」，目標7「エネルギーをみんなにそしてクリーンに」，目標15「緑の豊かさも守ろう」，目標5「ジェンダー平等を実現しよう」，目標17「パートナーシップで目標を達成しよう」の7つを用いて，「地域経済の持続的発展」，「地球環境の保全と創造」，「多様な人材の活躍促進」，「パートナーシップの推進」という重点課題を定めて，社会課題および環境課題などに取り組んでいる[7]。

　群馬銀行が行っているSDGs金融のうちESG私募債には，①社会課題解決型である「ぐんぎんSDGs私募債（発行先支援型）」と②寄付型である「ぐんぎんSDGs私募債（寄付先支援型）」がある。「ぐんぎんSDGs私募債（発行先支援

型）」は2019年度が40社，2020年度が29社，2021年度が29社である[8]。「ぐんぎんSDGs私募債（寄付先支援型）」は2018年度が4社，2019年度75社，2020年度50社，2021年度65社である[9]。

　群馬銀行は中小企業などが発行する私募債引受やESGローンの原資を確保するために，2019年に地域金融機関としては国内で初めてグリーンボンドを発行した。資金使途として，再生可能なエネルギーや環境配慮型私募債（現，ぐんぎんSDGs私募債）をあげており，100億円の無担保社債を発行した[10]。さらに，2021年5月には，再生可能エネルギー事業などへ投融資する資金を調達するグリーンボンドと，雇用の維持・創出など社会的課題解決を目指す事業に充てる社会貢献債（ソーシャルボンド）の2つの性格を併せ持つサステナビリティボンドを100億円発行した。

　このように群馬銀行はESG私募債を活用して中小企業向けにESG金融を行い，その原資を調達するために群馬銀行自身が，グリーンボンド，サステナビリティボンドを発行しており，地域金融機関のSDGs金融の事例といえよう。

5　地域金融機関によるSDGs金融の今後の展望

　地域金融機関によるSDGs金融は，従来の融資と同じように中小企業のこれまでの事業活動の評価と現時点での企業活動の評価をもとにして判断される。しかし，SDGs金融では将来の企業の取組みや数値をベースに資金供給する仕組みが誕生している。それが，サステナビリティ・リンク・ローン（SLL），サステナビリティー・リンク・ボンド（SLB）である。SLLおよびSLBは，「借り手のサステナビリティ経営の高度化を支援するため，野心的なサステナビリティ・パフォーマンス・ターゲット（SPTs）の達成を貸出条件等と連動することで奨励する融資」，もしくは社債のことである[11]。当初に設定したSPTsを達成できない場合，資金調達をした企業は金利上昇等のペナルティを受けることになる。SPTs達成のために積極的に行動することが，企業には求められる。

　環境省は2020年に「グリーンローン及びサステナビリティ・リンク・ローンガイドライン」を策定し，地球温暖化や自然資本の劣化の防止に資する企業等

の事業活動への民間資金を導入するツールとして活用および普及させる方針である。滋賀銀行や群馬銀行もSLLの取り扱いを開始しており，また，SLBに関しては芙蓉総合リースが100億円発行し，その社債への投資を地方銀行や信用金庫，信用組合などが表明している。SLLに見られるような数値目標に基づいたSDGs金融が今後は増加していくであろう。

　本章では地域金融機関による中小企業へのSDGs金融について概観してきたが，そこにはいくつかの課題も存在している。中小企業のSDGsに関する取組みを金融機関がどのように客観的に評価するのか，資金提供後のチェックをどのように行うのか，ESG私募債が金融機関同士の引受競争になっており中小企業が巻き込まれているだけではないかといったことが検討すべき課題として指摘できる。今後は，中小企業のSDGsの取組状況，実績そして将来の客観的数値目標を地域金融機関が把握できる仕組みを構築していくことが早急に必要であろう。また，中小企業の非財務情報の開示やSLLにおけるSPTsの導入を中小企業財務に導入することも検討すべきである。さらに，中小企業と密接な関係性を有する地域金融機関であるからこそ，中小企業に対する実質的なSDGsへの取組みの啓蒙活動を行う主体として行動することが期待される。

注───────────
1　地方創生SDGs・ESG金融調査・研究会（2019），p.5。
2　同上。
3　九州フィナンシャルグループの傘下には，肥後銀行と鹿児島銀行がある。
4　21世紀金融行動原則（https://pfa21.jp/）参照のこと。
5　環境省大臣官房環境経済課環境金融推進室
6　SDGsに関心がある企業に対して，ESGローン，SDGsローンを提供している金融機関もある。
7　群馬銀行（2021）p.38。
8　2022年1月現在，筆者が同行HPでの発表を集計したもの。（www.gunmabank.co.jp/about/csr/sdgs/2022年1月8日アクセス）。
9　同上。
10　群馬銀行（2021）p.41によればグリーンボンドは主に再生可能エネルギー事業に充当された（9,900百万円）。
11　環境省の報道資料を参照（www.env.go.jp/press/108001.html, 2022年1月8日アクセス）。

参考文献————————
環境省大臣官房環境経済課環境金融推進室「責任投資原則（PRB）の署名・取組ガイド」
　　（http://www.env.go.jp/policy/PRB.pdf　2022年１月８日アクセス）2021年３月
群馬銀行『群馬銀行レポート2021統合報告書』2021年
商工総合研究所編『中小企業経営に生かすCSR・SDGs』商工総合研究所，2020年
地方創生SDGs・ESG金融調査・研究会「地方創生に向けたSDGs金融の推進のための基本的
　　な考え方」2019年８月22日，資料６　（https://www.chisou.go.jp/tiiki/kankyo/kaigi/sdgs_
　　kinyu2.html，2022年１月８日アクセス）

（林　幸治）

第11章

SDGsと人材育成

1 わが社が展開する事業の概要

筆者の営む会社は，昭和50年，金属容器の販売を目的に創業した。今では，金属容器以外にも，プラスチック製容器や，フィルム製や紙製の包装資材などを取り扱い，主に塗料業界，印刷インキ業界のメーカーを顧客とし，食品を含めた様々な業界に，容器包装資材を販売している。業態としては卸売り，ないしは商社という位置付けである。

その他に，販売促進に関する制作物や関連商材を企画・販売する事業，ヘアケア・スキンケア，洗濯雑貨や食品を企画・販売する事業を展開している。ここからは，事業別に，その特性や傾向を押さえつつ，SDGsの要素を関連付けて述べたい。

容器包装資材の販売は，産業資材部という部門が担っている。主要顧客は，塗料や印刷インクを製造する，いわゆる石油化学業界に属している。塗料は，

自動車や家電，住宅，日用品に至るまで，多様な製品に使われ，印刷インキは，出版，チラシ，包装材など，様々な分野で使われる。塗料・印刷インキの生産量は，経済成長とともに順調に拡大し，容器包装業界もそれらに合わせて順調に成長した。容器包装分野でも，技術革新が進み，金属容器はじめ，プラスチック製容器，バックインボックスなどの複数の素材を組み合わせた複合容器など，利便性や機能性を高めた製品が次々と開発され上市された。容器包装は，製品の保護・保管・物流における強靭性と，意匠性や効率性など，地味な商材の割には，多様な機能を求められる。私達が日常生活で手に取る商品はじめ，企業間で取引される原材料や中間財などの資材に至るまで，容器包装が使われない商品や資材はまずもって見ることはない。

　容器包装の材質は，用途に合わせて様々である。鉄やアルミ，ステンレスなどの金属，ポリエチレンなどの樹脂，プラスチックフィルム，包装紙，紙箱，段ボールなど，どの産業にも，消費生活にも必要不可欠である。商品の内容物の品質を保持するために，容器包装そのものの品質を高めていかなければならず，尚且つ常にコストダウンの対象になりがちであり，安価であることを求められる。サプライチェーン上では，どちらかというと弱い立場に置かれがちである。

　筆者の会社の産業資材部は，塗料や印刷インキの顧客が多いと述べたが，容器については，比較的リユースやリサイクルが積極的に行われている。例えば，金属容器はワンウェイの小型のものあれば，容量が200リッターの，いわゆるドラム缶，1,000リッターのコンテナなどの大型容器がある。ドラム缶やコンテナは，重量が重い分，高価である。高価なだけに，一度使われたドラム内を洗浄し，外面を再塗装して複数回利用することが通常であり，洗浄ドラムや更生ドラムといわれる。コンテナにおいても内部を洗浄し，何度も使うのが通例である。小型容器は変形しやすく，ほとんどがワンウェイでその用途は終了するが，金属容器は再資源化がかなり進んでいる現実がある。アルミ製やスチール製の飲料缶などのリサイクル率は90パーセント以上であり，アルミはアルミとして，スチールは建設資材などに再資源化されることは周知のことである。

大型・小型含めて，金属容器はリサイクル・リユースの優等生といっても差し支えない。

　プラスチックはいわゆるゴミの代表格として，やっかいなゴミとして認知されている。プラスチック製容器包装は，日本で排出されるゴミの実に7割に上る。以前はそのまま埋め立てられたが，焼却処分されるようになった後も，焼却灰としていずれは山林や海洋に埋め立てられる。当局の規制が強くなり，最終処分場の確保が限界となってきた現実と，全国に1,000施設ある焼却処分に年間2兆円の公費が投入されていることを考えると，いかにプラスチックゴミを減らすかが問題となってくる。ゴミを減らす前に，極力プラスチックに頼らない生産や消費のスタイルを推進し，プラスチックの生産量，消費量を減らそうという声が世界的に大きくなってきた。レジ袋，ストローの有料化ないしは廃止を宣言する小売り，外食チェーンが増え，プラスチック製のナイフやフォークなどに規制をかける政策も打ち出されてはいるが，その効果も限定的であり，安価で利便性が非常に高いプラスチックの利用を大幅に減らすには，商品設計から消費に至る，サプライチェーン全体の仕組みを変えるとともに，特に消費者の意識変革が必要である。ましてや，プラスチックに関わる産業は，年間12兆円を超える日本の基幹産業でもあり，一朝一夕ではいかない。相当な時間と費用，加えて石油由来から自然由来の素材にシフトするなどの画期的な技術革新も求められているが，内容物との適性による限界があることも事実である。現在では，大手消費財メーカーが主体となって，循環システムを構築する動きが出てきたことは業界全体の気運が高まってきた証左でもある。プラスチックから紙製に移行する動きも含め，容器包装が環境負荷の主たる原因であるとの認識も広がってきた。

　筆者の会社の他の2つの事業についても，少し触れてみる。セールスプロモーション事業は，販促キャンペーンの手法の一つでもある，ノベルティ・プレミアムの製造を中心とした部門で，顧客からの要望や商品の性質に合わせて国内外のメーカーで生産，特にコスト面から中国で製造し輸入することが中心であった。生産物の素材は，化繊，コットン，プラスチック，金属，陶器など

幅広く，オリジナル性を高めれば高めるほど，複雑な設計となる。近年の世界的な原材料の高騰，中国の人件費の上昇もあり，一定の国内回帰が見られるとともに，長く続く不景気によって，顧客の販売促進に関する予算が漸減していく傾向も含め，モノを中心としたノベルティ・プレミアムの市場が小さくなっている。ましてや，ノベルティ・プレミアムの販促効果の疑問，一過性にしかすぎないことへの気付き，消費者の関心度の低下，モノからの脱却が目立つようになってきた。制作物であったとしても，SDGsに相応しい商品の提案を求められることも多くなった。最近の傾向としては，ポイント還元やSNS，WEB，動画などを活用した販促キャンペーンなど，手法も多様化している。

　最後に，自社ブランドとして展開している，ラ コルベイユ事業部について説明する。当部門は，2012年に発足し，約10年の事業歴になる。卸売り，商社としての業態に，独自の商品を開発，販売する目的で，女性社員5名でスタートした。商品開発といっても，そもそも独自技術や自社コンテンツがない業態であった。筆者の人脈を通して，カンボジアで活動する，NPO法人ドリーム・ガールズ・プロジェクト（代表　温井和佳奈氏）と出会った。当NPOは，古来よりカンボジア人がもつデザインの素質を活かし，女性の経済的・社会的自立を支援する活動を行っている。カンボジア全土の子どもから成人に至る若い世代からデザインを公募し，デザインコンテストを開催する。応募されたデザインの中から，企業がデザインを選び，そのデザインを使って商品を開発，販売額の一定割合をロイヤリティとして還元，デザイン教育などの育英基金として活かされるというスキームである。仕事に恵まれず，低賃金で働くカンボジア女性の自立を支えるという，社会貢献ブランドであり，SDGsが採択される以前から，特に女性の幸せをコンセプトとしたソーシャルブランドとして展開をし，今に至っている。日用雑貨，化粧品，洗濯雑貨，食品までの商品展開をし，製造は外部に発注するというOEM生産としている。またライフスタイル支援事業としての確立を目指している。

2 わが社がSDGsに取り組む意義

　業界を異にする，3つの業を展開するわが社は，商社という業態をとりながら，卸売り，顧客の販売促進企画および制作，自社ブランドの商品企画・開発という，製造と技術開発以外の業務を担っている。サプライチェーンの中で，ほぼ中間に位置するところで業務展開をしており，メーカーを中心とするサプライヤーと，法人・個人の顧客の間に存在する。そもそも，金属容器の販売を目的として創業した企業で，特にSDGsが期待し求める持続可能性という考え方は持ち得ていなかった。順調に経済が発展し，拡大する市場において，収益をあげ業容を拡大していくことがその目的であることは間違いない。経営の歴史と，経営の学びを重ねていく中で，経営理念の大切さや，社員の物心両面の豊かさの追求，顧客満足，そして地域社会への貢献という考え方の重要性に気づいていった。

　日本は昭和の繁栄期を経て，バブル崩壊，そしてゼロ成長の平成に突入した。それを尻目に，欧米と中国を始めとする新興国が順調に経済発展していった。加えて，経済発展の裏で進行する社会問題・環境問題がクローズアップされるようになり，企業経営に対して，社会問題を解決すること，環境問題を解決し環境負荷をできる限り軽減するという，経済性以外の要素が求められる時代に入った。その集大成としてSDGsが国連加盟国の間で採択され，社会問題・環境問題の解決と共に経済成長も同時に実現する，持続可能な発展を目指そうという潮流である。

　SDGsは，世界の全ての人々，全ての企業や組織にその取組みと達成を期待している。当然日本においても同様で，わが社のような中小企業にも求められる。実際，規模は小さいが，企業経営つまり生産活動や，消費活動が，僅かであっても社会問題・環境問題の原因の一端を担っていることはおよそ想像がつく。SDGsは地球上のあらゆる問題を解決し，誰一人取り残さないという考え方に基づく目標であり，その精神と目標を正しく理解することが重要である。

この壮大で挑戦的な目標を達成するためには，産業構造や社会構造の中で重要な機能を果たす中小企業も真摯に向き合い，取り組むことが重要であり，わが社もその責任を果たすことが求められている。社会や産業を構成する全ての組織・個人が主体的に取り組まなければ，SDGsの達成は困難である。

　わが社がSDGsに取り組む意義について述べてみる。創業の目的に，持続可能性という概念を持たなかった企業が，将来世代への責任という視点で，その理念や存在目的を見直し，事業構造や内部体制を転換していくには相当なエネルギーが必要である。長らく，イノベーションという言葉が，企業規模に関わらずビジネスにおいて唱えられてきたが，そのきっかけや出会いに恵まれなかった企業には，SDGsへの取組みがイノベーションへの第一歩でもある。なぜならば，SDGsに取り組むということは，所属する業界とこれまで関わってきた市場を超えて，広く社会や環境の実態を観察し向き合い，これまで触れることのなかった知恵や知識，情報などのリソースに触れることで，また多様な価値観に触れることである。自社の経営資源との掛け合わせの中から，新たな価値創造の可能性が広がる。イノベーションは新結合ともいわれる。自社の経営資源とリソースや価値観と結合させることで，新価値創造，新商品，新サービス，新たなマーケットやビジネスモデルに出会う可能性は大きい。わが社としても，そのような観点でSDGsに取り組み，社会問題や環境問題を解決しながら，経済性も追求するという，持続可能な経営にシフトするという意義がある。沈滞気味の日本経済において，熱量のあるベンチャースピリットを呼び起こすきっかけになることも期待している。

3　わが社の具体的な取組み

　わが社に，例えば社会問題や環境問題が意識される素地があるかどうかということについて，筆者はそれなりに持ち合わせていたと思っている。前段で自社ブランドの展開を行う，ラ コルベイユ事業部の説明を行ったが，当事業部の製品は，カンボジア女性のデザインを起用しており，販売額の一部を育英基

金や活動基金として還元するビジネスモデルであることをお伝えした。カンボジアで行われるデザインコンテストには，社員を順番に同行させ，同時にカンボジア各地を視察し，カンボジアの文化・芸術，経済発展の現状に触れ，根深い社会問題を抱える発展途上国の現状を肌身で感じる体験を行った。社会貢献は，例えば遠く離れた地から募金をするというようなことでもできるが，社会問題が存在する現地を訪れ，実際に自分の目で見て感じるという体験をベースに，ビジネスを通して貢献するという実践は，最上の教育である。このような社会貢献ブランドを展開していることが，社内全体にSDGsという概念や精神が比較的浸透しやすい結果となっているように思う。

　わが社が社内でSDGsについて語り始めたのは，2017年の7月に遡る。ちょうど筆者がその年の6月にSDGs先進国，スウェーデンを視察し帰国した後になるが，スウェーデンでのサステナビリティにおける強烈な体験を，社員と共有したかった。スウェーデンの，社会問題や環境問題に対する眼差しは，日本のそれとは全く異なり，政治・行政，企業やNPOなどの公益団体，国民市民が一体となって取り組み，環境と国民の教育・福祉・健康を中心に据えた社会システムや法体系となっている。それが社会福祉国家の所以であるのだが，SDGsの全ての問題に真摯に取り組む姿がそこにある。同時に着実な経済成長を成し遂げるという，持続可能な世界のモデルとなる国と感じた。筆者は，2017年から2019年の間に7度スウェーデンへ視察に出かけ，帰国のたびに，スーパーマーケットやコンビニエンスストア，世界有数の自動車メーカーや家電メーカー，ショッピングモール，公共インフラ，教育現場や家庭訪問，販売されている様々なプロダクトにいたる幅広い事例について，毎月勉強会を行い，共有した。当初はほとんど反応がなかったが，会を重ねるごとに，少しずつ意識されていくように感じた。スウェーデンの他にも，イギリスやデンマーク，スイス，オーストラリア，アフリカはザンビアの，サステナビリティに関する情報も同様に，共有する場を意識的に持つようにした。

　わが社のような中小企業が，経済社会の新しいテーマ，それも世界レベルで取り組むSDGsについて学ぶことは，見方によれば，さして効果のないことで

あり，従来のビジネススキームの中で成果をあげていくことが，本来の役割と認識されがちである。しかし，サステナビリティという世界の潮流を掴むということは，今後の全てのビジネスに必要不可欠である。そしてSDGsの学びと取組みは，社会とつながり，生存するための資源を私達に供給する環境や生態系に対する敬意を育むという点でも，人材育成，人材教育の主要テーマとなる。おおよそ，自然科学，社会学という切り口での人財育成ととらえている。

4 成果と課題

　約4年にわたり，筆者はSDGsについての学びの場を設けてきた。2020年の政府による「2050カーボンニュートラル宣言」によって，日本全体でSDGsが認識され始め，メディアで企業事例や個人の取組みが取り上げられることも多くなり，テレビコマーシャルや新聞広告でもよく見かけるようになった。学校教育においても，SDGsの学習が必須となるなど，教育現場でも多く語られるようになり，子どもを持つ社員からは，子どもからSDGsに関する話題や質問が投げかけられるようになったとのことである。わが社の日常の業務の中で，SDGsに相応しい物品の提案要請も増加傾向にある。

　SDGsへの認知と関心が高まっていく中で，販売促進企画の物品提供に関しては，SDGsを切り口とした提案書や商品アルバムを作成し，しだいに需要が増加している。また，自社ブランドアイテムの容器を業界に先駆けて再生ペットボトルに切り替え，FSC認証のパッケージに変更するなどの取組みを行っている。産業資材部において，容器包装資材のリサイクルを提案し，販売商品を環境負荷の少ない素材に切り替えていく取組みを進めているが，これらの取組みは，SDGs12番，「つくる責任　つかう責任」への取組みとなる。また，カンボジア女性の経済的社会的自立支援は，SDGs 1番「貧困をなくそう」，SDGs 4番「質の高い教育をみんなに」，SDGs 5番「ジェンダー平等を実現しよう」の取組みである。また，女性の社会進出という側面では，SDGs 8番「働きがいも経済成長も」への取組みでもある。これらの多くは，社員が自ら考え実践

しているということを添えておきたい。

　また，以上のような各事業部の取組み以外の，社内インフラや備品類においても，SDGsの目標達成に取り組んでいる。社屋の電力を自然エネルギーに切り替え，どの発電所の電力を利用しているかトレースができるようにし，SDGsを意識した社屋のリフォーム，例えばFSC認証の木材や，羊毛製の断熱材，湿度調整に優れた自然の壁材，ペアサッシやペアガラスを使うことで，室内温度の変動を小さくするなどの取組みを行ってきた。これは，SDGs 7番「エネルギーをみんなに　そしてクリーンに」と13番「気候変動に具体的な対策を」，15番「陸の豊かさも守ろう」の取組みとなる。また，どの目標に対しても，自社だけの力では困難なことも多く，いかにSDGsに真摯に積極的に取り組むパートナーと連携するかが重要で，17番「パートナーシップで目標を達成しよう」を意識している。さらに，ホームページで公開しているSDGs SQUARE（エスディージーズ　スクエア）は，様々な分野のサステナビリティ，エシカルの取組みを取材し，現在は未熟ではあるが，将来的な対外的メディアとして位置づけている。何より，SDGsを学ぶことで，社会や環境とのつながりを意識し，かつ仕事上の成果を上げていくという観点での社員教育は，SDGs 4番「質の高い教育をみんなに」に相応しい取組みであると感じている。

　わが社なりに様々な取組みを行っているが，当然限界も見えてくる。トリプルボトムラインで唱えられている，経済・環境・社会の諸問題を同時並行に解決し成長発展していくという原則に立てば，また経営の持続性という観点でも，営利企業の所以である収益性を兼ね備えなければならない。現在の事業に関わる，顧客並びにサプライヤー，その他ご協力いただいている取引先との良好な関係性を維持することと，需要に応えていくことも大切である。仮にSDGsが求める諸課題に相反すると思われることがあったとしても，それにも応えなければならない現実もある。そのギャップやジレンマを抱えながらも，ギャップやジレンマを超えた先に，理想的な社会が開かれるという希望をもち，モチベーションを高めながら取り組む必要がある。また，SDGsに取り組むということは，決して何かの我慢を強いたり，権利を奪い取るものではなく，あらゆ

るものを持続可能なものに置き換えながら，また人間社会だけでなく自然環境・生態系に負荷をかけない，テクノロジーや社会モデル，ビジネスモデルを生み出しながら，今まで同様の豊かさを実現し，そして将来世代に健やかな社会と環境を手渡していくという，夢と希望溢れることなのだという共通認識を持つことも大切である。

　わが社のささやかな取組みは，決して特別な取組みではなく，誰にでもできることであり，難しいことではない。中にはそれなりに投資の必要なものもあるが，知恵と工夫で実現可能なものがほとんどである。仮に自社に備わっていないものがあるとすれば，SDGs17番「パートナーシップで目標を達成しよう」を素直に実践すればよいと思う。また，現存する製品やサービスを組み合わせていけば，実現可能なものばかりである。SDGs先進国で行われていることは，日本にある技術で十分実現できる。逆に過去の海外視察のたびに，なぜ日本はその技術を使わないのだろうという疑問を抱いた。故に，持続可能な社会を実現するための取組みは，極めてシンプルなことでもある。このような共通認識を持つための対話の場を社内外に設け，すべてのステークホルダーと情報交換，取組み事例の共有，そして教育を継続していくことが重要である。最後にSDGs先進国を視察してたどり着いた筆者の結論は，「教育」であり，それ以上でも以下でもないということを付したい。

（安並　潤）

第**12**章

DXを活用した
サーキュラーエコノミーの実践
——沖縄県宜野湾市okicomの事例

1　株式会社okicomの沿革と企業風土

　本章では，沖縄県のローカルIT企業であるokicomの事例を紹介する。okicom
は，地域の中でもユニークな事業ドメインを持ち，また，それを年々拡張させ
ている中小企業である。その沿革を紹介しつつ，事業展開を進める上での中核
となる経営理念・企業風土について触れる。本章の主題であるサーキュラーエ
コノミーについて言及した上で，その発想を取り込んだokicomの新たな事業
であるBAGASSE UPCYCLEについて紹介する。本事業は，SDGsを実現する
為のアプローチ手法としてサーキュラーエコノミーを捉え，そのサーキュラー
エコノミーを構築する為にDXを活用した事例となる。最後に，変革期にある
現代における，SDGsへの取組みを含む，新たな事業展開を進める上での中小
企業の優位性について考察する。

（1）株式会社okicomの沿革

　株式会社okicomは，1980年に創業した沖縄県のIT企業である。沖縄県は首都圏エリア対比で経営資源の確保が容易であったことから，本邦IT業界においては，ニアショア開発（地方に立地するIT企業へシステム開発を外注すること）の拠点としてIT企業が多く存在する。そのほとんどが，社長が営業マンとして動き，エンジニアである社員がひたすらにシステム開発を行う業態のものが多い。一方，okicomでは，経営理念である「チャンスは考働するものにのみに平等であることを理解し，日々自己研鑽に励み準備を怠らない。信用を重んじ社会に役立つことを大きな喜びとする」や，社是の「面白いことへのチャレンジ」から醸成される企業風土をベースに，建設業界向けのITソリューション及び地理情報システムの自治体への提供を事業の柱として成長してきた（売上15億円規模）。

　筆者は，現社長の小渡 玠氏の長男にあたり，事業承継を見据え2017年にokicomへ入社。2018年に新規事業企画部を設立し，第二創業の流れを作りつつ，事業承継の準備を進めている。筆者は金融業界でキャリアを積んだが，ITと金融の共通点は，全ての産業に対してソリューションを提供する点であると考えている。okicomの創業以来蓄積された経営資源を活用し，筆者独自の人脈やノウハウを掛け合わせ，沖縄県の地域資源に着目。その可能性を引き出すようなITを活用した仕掛け，即ち，DXを推進するような新規事業を構築している。現在取り組んでいる新規事業の分野としては，水産業（もずく），伝統工芸（琉球びんがた），アパレル（沖縄の正装でありリゾートウェアでもあるかりゆしウェア），及びビーチクリーン等がある。

　新規事業の構築を進める為には，それ相応の各事業へのコミットメントが求められる。その為，事業の採算性に見合わない人的資源の投入や，新たな事業体を設立し，事業推進を行う等の取組みを行っている。これらは，既存事業が順調に維持拡大できている為，許容されている面もあるが，将来のokicomを牽引する事業の創出に向けた先行投資の観点や，新しいユニークな取組みを次々と展開していくことによる企業イメージの向上・ブランディングの観点，更には，SDGs達成に向けた地方の中小企業としてのコミットメントの観点か

らokicomの重要な事業ドメインとなっている。このような取組みが評価され，okicomは地域経済の中心的な担い手になりうる事業者を経済産業省が認定する「地域未来牽引企業」に2017年に選定された他，2021年には沖縄県のSDGs普及活動を推進する取組みである「おきなわSDGsパートナー」にも登録されている。2022年には，中小企業のDXのモデルケースとして経済産業省が選定する「DXセレクション」にも選定された。

　2022年現在，okicomは90名規模の中小企業だが，従業員数は，筆者が入社した2017年対比で1.5倍近く伸びている。筆者が入社した2017年時点においては，リクルーティングの新卒採用で学生から関心を持ってもらえず，採用活動で苦労していた。それがロゴマークの刷新，ホームページの改修やSNSの活用及び，近年の新規事業企画の様々な取り組みが呼び水となり，経営戦略を推進する上での適切な人材確保が円滑になりつつある。

（2）経営戦略としての両利きの経営の実践及びそれを支える企業風土

　okicomでは，既存事業に対しては知の深化に取り組み，新規事業企画を知の探索と位置付ける，両利きの経営の実践を心掛けている。両利きの経営は，チャールズ・オライリーとマイケル・タッシュマンによる著書「Lead and Disrupt」（2016年3月）を，早稲田大学の入山章栄氏の訳により国内に紹介されている経営論である。

知の探索	自身・自社の既存の認知の範囲を超えて，遠くに認知を広げていこうとする行為
知の深化	自身・自社の持つ一定分野の知を継続して深掘し，磨き込んでいく行為

　両利きの経営の難しさは，経営陣としては収益性を確保している既存事業を深掘する「知の深化」に傾き易いという点，また，収益に直結せず，成果を出すのに時間のかかる新規事業の構築＝「知の探索」をどのように評価をするか，予算をかけ続けるかという点にある。okicomでは，（1）経営陣の強力な理解とサポート，（2）収益軸ではない評価方法を適用する，最後に（3）失敗を許容するカルチャーと社是である「面白いことへのチャレンジ」の会社全体へ

の浸透，の3点により，両利きの経営の実践を担保している。（1）については，基本的に全ての新規事業の構築に筆者（現取締役常務）が関わり，現社長の小渡氏からの理解と後押しを受けることで事業推進の予算の確保を行っている。（2）については，okicomのブランディング強化に評価軸を置き，メディア掲載件数や地元における認知度・話題性を高めることによるリクルーティング面における波及効果を加味している。目先の収益性よりも中期的なブランド構築を評価し，新規事業が軌道に乗るまでの時間的な猶予を確保しているのである。（3）については，失敗の経験は次なる成功の糧であり，諦めずにチャレンジすることが大事であるということを経営陣が常に発信している。また，仕事に面白さ・楽しさを見出し，自分事として仕事に向き合える職場がokicomであるという考えが全社的に浸透しており，新規事業の取組みに会社横断的に関心を持ち，応援する土壌がある。その結果，新規事業企画のプロジェクトは，必ずしも限定された部署の社員で行われるのではなく，所属部署は関係なく，アイディアやパッションを持つ社員を起点とし，複数の部署からプロジェクトメンバーが参加する形でプロジェクトがスタートするケースもある。この企業風土がより良い人材の確保に繋がり，会社としての活力にも繋がっているのではないかと考えている。

写真12-1　okicomの社屋（2022年1月）

こうした中，okicomでは，特に2019年頃からSDGsという言葉を意識した動きが活発化してきている。経営理念の中に，「社会に役立つことを大きな喜びとする」とあるように，企業としての社会貢献の重要さは，常に経営の中心に存在していたことから，SDGsに会社として本気で取り組むことは自然な流れであった。本章の主題の「サーキュラーエコノミーの実践」とは，先述の新規事業企画の取組みの一つである「アパレル産業のDX」のチャレンジの中で実践されている。アパレル産業の産業課題である「大量生産・大量消費・大量廃棄」をサーキュラーエコノミーの発想を取り入れることで解決の糸口を見つけようというプロジェクトである。本章は，そのサーキュラーエコノミーを実現する仕組みとしてのテクノロジー（DX）の活用事例として位置付けたい。

2　サーキュラーエコノミーとは

　okicomのアパレル産業のDXの事例に進む前に，先ずは，サーキュラーエコノミーについて触れる。サーキュラーエコノミー（循環経済）は，産業革命以降主流となっている，大量生産・大量消費・大量廃棄を前提とし，「Take」「Make」「Waste」というリニア（直線）型の経済システムに代わる新たなシステムである。イギリスのサーキュラーエコノミー推進機関であるエレン・マッカーサー財団では，サーキュラーエコノミーを「気候変動や生物多様性，廃棄物や汚染といったグローバル課題に対処するためのシステムソリューションの枠組み」と定義しており，以下の3原則を提唱している。

・Eliminate waste and pollution – 廃棄や汚染を取り除く
・Circulate products and materials at their highest value – 製品と原材料を高い価値を保ったまま循環させる
・Regenerate nature – 自然を再生する

　EUでは，2015年12月に「サーキュラー・エコノミー・パッケージ」という政策を採択しており，具体的な数値目標の設定と合わせて，社会の在り方を循

環型に移行していくための規制強化の動きが加速している。日本においては，2020年5月に経済産業省が約20年ぶりの改定となる「循環経済ビジョン2020」を策定している。そこでは，循環経済を「あらゆる段階で資源の効率的・循環的な利用を図りつつ，付加価値の最大化を図る経済」と定義づけている。概要としては，グローバルな市場において循環型の製品やサービスを展開していくことを念頭に置き，規制強化のアプローチは最低限にして，企業らによる自主的な取り組みを促進することに重きを置いたものとなっている。その中でサーキュラーエコノミーへの移行が急がれる分野としては，プラスチック，繊維，CFRP（炭素繊維強化プラスチック），バッテリー，及び太陽光パネルの5分野が挙げられている。

図表12－1 サーキュラーエコノミーの概念図

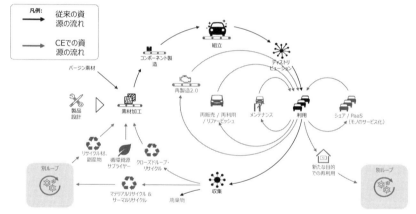

出所）経済産業省「循環経済ビジョン2020」
https://www.meti.go.jp/shingikai/energy_environment/ce_finance/pdf/002_04_01.pdf

　サーキュラーエコノミーとSDGsの関係性について整理したい。SDGsは2015年に国連で採択された世界共通の目標であり，サーキュラーエコノミーは経済システムの在り方そのもののことである。従来のリニアエコノミーからサーキュラーエコノミーへの移行は，環境（Planet）・社会（People）・経済（Profit）（－Triple Bottom Lineという）の全てにポジティブな変化をもたらすために発想の転換を迫るものであり，同時にSDGsの達成に向けた手段としても捉え

ることができる。サーキュラーエコノミーは何かという点を踏まえ，次に
okicomのアパレル産業のDXプロジェクトであるBAGASSE UPCYCLEについ
て論を進める。

3　BAGASSE UPCYCLEの事業戦略

（1）事業概要

　BAGASSE UPCYCLE（以下，BUC）は，沖縄の正装でありリゾートウェ
アでもある「かりゆしウェア」のシェアリングサービスとして筆者を共同代表
/CEOとして，2021年3月に会社を登記し，同年4月よりサービス提供を開始
したスタートアップである。そのサービス名でもあるBAGASSE（バガス）と
は，サトウキビの製糖工程から出てくる副産物であり，現在，沖縄ではその大
半を製糖工場のボイラーの燃料として活用している。BUCでは，そのバガス
をアップサイクル（高付加価値化）し，エシカルな糸・生地を作り，その素材
を活用し，かりゆしウェアを製造，所有権を移転させずProduct as a Service
（モノのサービス化），即ちシェアリングサービス，として展開することで，製
品寿命の最大化を目指している。更には，製品の廃棄プロセスにおいても責任
をもって回収・再資源化に繋げる仕組みを構築している。BUCは，IT企業の
okicomと地域創生のコンサルティング会社で，サトウキビを活用した6次産
業化プロジェクトを推進するRinnovation（本社所在地：東京）の合弁会社と
して設立され，資本構成はokicomが50％，Rinnovationが50％の普通株式を保
有している。BUCは，親会社2社のコラボレーションによるスタートアップ
事業として位置づけられており（図表12-2参照），システム開発・ビジネス
開発をokicomが主導し，かりゆしウェアのOEM供給・産学連携・知財戦略を
Rinnovationが主導する形で事業構築が行われている。主たる流通拠点は県内
ホテルであり，ターゲット顧客層は，サステナブルに関心のある男性の観光
客・ビジネス客及びウェディングなどのイベント客である。
　BUCは，人々のアパレルの楽しみ方をよりサステナブルなものに変える，

図表12-2 BAGASSE UPCYCLE体制図

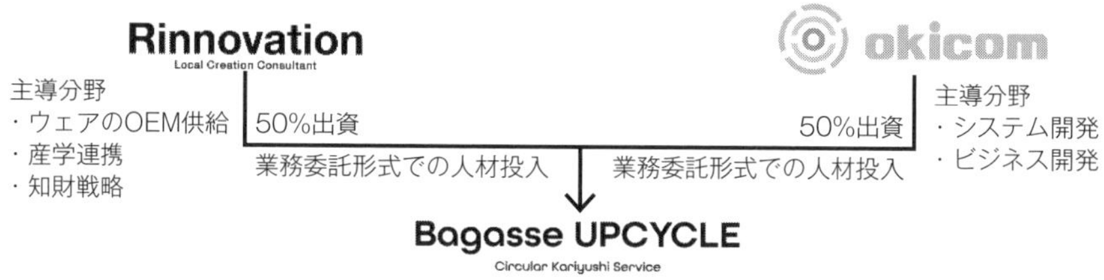

従来の服に対する消費行動を所有しない形に変えていくことをミッションとし，循環構造とテクノロジーを駆使し，製品寿命の最大化，アパレル産業の環境負荷の低減，作り手と使い手の繋がりを生みだし，豊かなコミュニティを作ることを目的とし事業展開を進めている。

（2）事業背景

　事業をスタートした背景は３つある。①アパレル産業の環境負荷問題への対応，②衰退する沖縄県内のサトウキビ産業の活性化，及び③かりゆしウェアのリブランディングである。事業の着眼点がグローバルであり同時にローカルでもある点が特徴だ。①について，国連貿易開発会議（UNCTAD）のレポートによるとアパレル業界は世界で第２位の環境汚染産業とされている。素材，製造，販売までのサプライチェーンが長い上に，業界のビジネスモデルに関し，大量生産・大量消費・大量廃棄のファストファッションの形態をとっているブランドが多いことがその背景だ。この産業課題に対し，サトウキビ産業に軸を置いたアパレル分野の循環構造を構築することで，環境負荷が低い，持続可能なビジネスモデルを提示したいと考えた。②について，沖縄の原風景ともいえるサトウキビ畑のある景色を次世代に残したいという経営メンバーの強い想いがある。平成元年以降，急速に生産量が低下し，その後は横ばいの推移となっているサトウキビ生産量だが（図表12-3参照），純粋な農業から６次産業化することで引き出せる付加価値が存在するとみている。また，サトウキビは世界で約19億トン生産される世界最大の農作物である。その為，沖縄県で構築したビジネスモデルを海外に向けて横展開する可能性も視野に入れている。

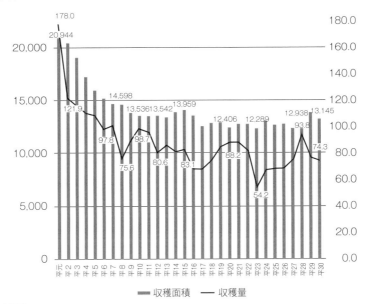

出所）内閣府
https://www8.cao.go.jp/okinawa/4/441.html

　③について，かりゆしウェアの消費行動に関し，県外のビジネスマンが，県内で商談をする為に購入，その後は着用しないケースは多いと聞く。また，観光客が沖縄にいる時だけ，その雰囲気を楽しむ為にかりゆしウェアを購入し，その後はタンスの肥やしとなる等のケースも散見される。所謂，かりゆしウェアの"one time use"の常態化である。コロナ前の沖縄は，年間1,000万人以上の観光客が訪れており，その少なくない割合が，滞在期間中だけ着て地元に帰れば無駄になってしまうかりゆしウェアを購入していたことが想定される。BUCでは，必要な時に，必要な分だけシェアリング形式でウェアを利用してもらうことで，アパレルの無駄を排除し，エシカルで持続可能な消費行動の提案。また，かりゆしウェアを着ることを通して，素材となっているサトウキビ産業やデザインとして採用される地元の伝統工芸等，もっと沖縄の深い部分を知る仕組みを作ることでかりゆしウェアをリブランディングしたいと考えた。

（3）サービスの特徴

　BUCの特徴は次の３点である。先ずはウェアに使用している素材。Rinnovationが保有する特許技術を用いて，バガス由来の和紙糸を作り，生地として活用している。その製造工程は，沖縄県内で取れるサトウキビの搾りかす＝バガスをパウダー化し，その後，岐阜県の美濃市で和紙へ，続いて広島県福山市にてコットンと双糸して和紙糸を作り，織布を行う。縫製工程を沖縄県内の認定工場で行うことでかりゆしウェアの認定（製品タグ）を取得している。次に循環構造。製造されたウェアは，所有権を移転させない形（シェアリングやサブスクリプション等）で提供される。そうすることで適切なタイミングでリペアや染め直しなどを行い，製品寿命の最大化に繋げる。着用ができなくなったウェアは，回収し，製炭炉で炭化を行う。燃焼や埋め立てなどの現在の本邦における主流の処理をせずに炭化という手法を取ることで，炭素を空気中に排出せずに炭として固定化することができ，結果としてCO_2の排出量を燃焼時と比べて大幅に削減することができる。バガス由来のウェアを炭化し，土壌改良材として再びサトウキビ畑に循環させ，次のサトウキビの生育に繋げる。先の２点は，Rinnovationが同社の独自のアパレルブランドである「SHIMA DENIM WORKS」（沖縄県浦添市）の展開を進める中で取り組んでいた研究開発やサプライチェーンの構築の上に立脚しており，BUCがコラボレーショ

図表12-4　BAGASSE UPCYCLE　サービスフロー

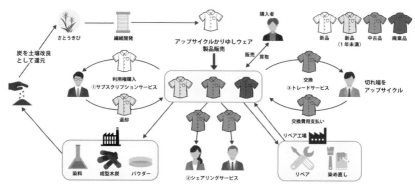

出所）一般財団法人沖縄ITイノベーション戦略センター提供
　　　https://isc-okinawa.org/wp-content/themes/setten_wp_theme/img/support/pdf/asiait_r2.pdf

ンをベースとした事業であるからこそ，スピード感を持って事業展開ができていることは注目すべきポイントである。

　最後の特徴として，デザイン面での沖縄らしさの表現である。サービス開始以降，展開している商品ラインナップは，縫製工場から出る端切れをアップサイクル活用したシンプルなデザインのウェア，モダンアートラインとして，地元沖縄のクリエイターとコラボレーションしたウェア，最後に伝統工芸ラインとして，沖縄を代表する染の伝統工芸である琉球びんがたの職人からデザイン提供を受けたウェアの3つのラインで展開している。BUCでは，商品開発段階においてもコラボレーションを行うことを基本的な発想としている。IT企業であるokicomがその強みを発揮できる分野をシステム開発面とビジネス開発面の2つに絞り込み，持てる限りある経営資源を集中させているのである。また，そうすることで事業のステークホルダーが広がり，様々な視点でもって事業展開を進められることから，より共感を得やすいサービスになるという利点も忘れてはならない。

写真12-2　商品ラインナップ

端切れアップサイクル・シンプルライン　　モダンアートライン　　　伝統工芸ライン

（4）DXの活用

　サーキュラーエコノミーを構築する上での重要なポイントの1つがトレーサビリティ（追跡可能性）の確保である。トレーサビリティの確保をBUCでは，IoT技術を活用して実現している。ウェア1着1着に洗濯可能な非接触型のICタグ（NFCタグ）を縫い込むことで個体管理を行い，オペレーションの効率

化を図ると共に，サプライチェーンの情報及び利用状況，更には製品寿命を終え，炭化されるまでの情報をプロダクトパスポートというコンセプトを用い見える化している。サービス利用者は，手持ちのスマートフォンをICタグにかざすことで個別のウェアのプロダクトパスポートにアクセスできる。また，各利用者がユーザー登録することで，本人のインスタグラム等のSNSアカウントとBUCサービス利用状況を紐づけることができ，SNS上で同じサステナブルファッション等に関心のある利用者同士が繋がれるようにデザインされている。また，サプライチェーンの情報にアクセスできるようになっている為，例えば，ウェアのデザインを提供している伝統工芸の職人の情報にアクセスすることができる。デザインとして利用されている琉球びんがたの歴史や工程，工房の紹介，同工房のECサイトへの遷移，工芸体験への接続などが行えるようになっている。つまり，入り口はかりゆしウェアの利用であるわけだが，そこからITを活用して，沖縄として真に届けたい地元の情報やストーリーに，ユーザーを繋げることを意図しているのである。

　このようにデジタルの力を有効に活用し，従来のアパレルの在り方，楽しみ方とは全く異なる拡張的なサービス設計を行い，且つ，デジタルの活用でサーキュラーエコノミーモデルの実現を推進している点が，単なるIT活用ではなく，アパレル産業をデジタルで改変する試みであると言える。

　トレーサビリティは，通常，身体に摂取するもの，肌に触れるものなどの商材で普及しており，事例としては，和牛，薬品，化粧品などである。また，製造業のリコール対応などに活用されることから自動車の部品等にもトレーサビリティの仕組みは採用されている。一方，リニアエコノミーが前提となるアパレル分野においては，服のトレーサビリティの確保は，単純にコスト上昇要因となる上に，大量生産の工程で発生する膨大な水の使用，化学薬品，染料などの環境負荷が明らかになる他，サプライチェーンがグローバル化しているケースも多いことから，発展途上国で稼働している工場の労働環境，輸送過程で発生するCO_2の量など，世界第2位の環境負荷産業であるが故の問題点を露呈することになり，企業側がトレーサビリティ情報を積極的に開示する誘因は乏しい。

　NFCタグの活用自体は，シンプルな仕組みであるが，データをどの様に活

用するかのデザイン面において，先例の多くない中小企業のDXの取組事例と言えるのではないか。

（5）事業課題

2021年4月からサービス提供を開始しているBUCだが，最大の事業課題は売上の確保が十分でない点である。2021年8-9月及び2022年1月の沖縄は，コロナ感染状況が本邦で最も悪い状態にあるなど，観光業を中心に甚大なコロナの影響を受けている。その為，事業計画の数値目標と実績値には大きな乖離が発生している状況。現在のBUCのビジネスは，観光業の景況に大きく影響を受けるモデルとなっていることから，そこからの脱却をするべく，提供する商材をかりゆしウェアのみでなくデニムに広げ，サービス提供方法についても，県内シェアリングだけでなく，サブスクリプション形式で県外に対してもサービス提供を検討するなど，事業モデルの軌道修正を行っている。

また，ウェアのシェアリングサービスは，参入障壁が低いビジネスモデルであることから，2021年9月にビジネスモデル特許の申請を行っており，競争優位性の確保に努めている。その他，ユーザーに提供するトレーサビリティ情報に関しても，産学連携を行い，商品・サービスの原材料調達から，循環させるプロセスまでのライフサイクルにおける環境負荷を定量的に算定し，その代替製品との環境負荷を比較することで，より環境負荷の少ない製品・サービスの開発に繋げるべく，Life Cycle Assessmentに取り組んでいる。また，その内容をBUCで提供するシステムに反映する準備も同時に進めている。環境に配慮しているように見せかける「グリーンウォッシュ」の事例が散見される中，BUCではサステナブルであることにコミットし事業展開を進めていくことで，企業のブランディングにも繋げていく戦略を取っている。

最後に事業展開を進めていく中での難しさについて触れたい。足元，日本の消費者の多くが，アパレル産業はリニアエコノミーをベースとする大量生産・大量消費・大量廃棄が当たり前というマインドセットを持っており，BUCの様なサーキュラーエコノミーの発想を体現したサステナブルファッションのブランドには，関心が薄いのが現状だ。実際，BUCのインスタグラムのオーディエンスは，48％と約半分が台湾，続いて23％が日本，3番目に香港（14％），

４番目にシンガポール（５％）というように，約８割が海外となっている。2020年の県内の利用者に関しても，事前にBUCのシェアリングサービスを知っていて利用した方よりも，ホテル内で紹介されているかりゆしウェアを見て，サステナブルだからというよりはウェアのデザインの良さを理由に利用される方が多い。アパレル業界におけるサステナブルな取組みは，2021年がサステナブル元年と言えるぐらい，規模の大小に関わらず，様々な企業が持続可能な社会実現に向けてアクションをおこしていた。BUCとしてもサービスとしての認知度向上に努め，消費者行動を変えられるほどの影響力を発揮できるようなブランドに育てていきたい。

4　SDGsを取り組む上での中小企業の優位性

　okicomにとって，アパレル産業のDXの取組みは，新しい商材を新しい市場に投入する企業革新型の事業展開だ。更に，顕在化している消費者ニーズを掴みに行くサービスではなく，サービス提供を通して，消費者を啓蒙し，消費行動をよりサステナブルに変えていくことにチャレンジしている。一見無謀にも思えるこのチャレンジを推進する上での中小企業の優位性を考察したい。

　先ず，経営者の時間軸について触れる。上場企業と比べ，中小企業は，結果を出すまでのプロジェクト期間の設定が短期的に陥らなくて済む。３年の中期経営計画内で達成されない取組みは取り止めとなることはなく，事業の目的やメガトレンドを踏まえた経営者の判断で，より腰を据えた事業運営が可能となる。また，地域の特性を踏まえた，地方の中小企業ならではの経営戦略・事業展開を志向することで，地方独自のネットワークや首都圏エリアの大企業では作れないユニークな事業モデルを作れる可能性もあると言えよう。地域に根差した中小企業がその地域の経済において，しっかりと役割を果たすことで，沖縄では良くみられる「経済回れど地元は潤わず」（ザル経済）の状態を脱することができ，その地域の持続可能なコミュニティの形成に繋がるのではないかと考える。

　これらの取組みを実践していく上で重要な経営資源は人材である。戦略思考

を持ち，事業のゴールを設定し，それに向けて事業を進めていくような人材の確保は容易でなく，得てしてそのような人材は首都圏に集中している。その人材を獲得するには受け皿となる中小企業の魅力的なビジョン，ミッション，そしてパーパスが重要ではないか。近年では，大企業で副業を認める傾向が加速していることもあり，首都圏の経験・知識が豊富な人材が，各地方の関係人口となり，経済的なメリットではなく，面白い経験が得られる・地域社会に貢献できることをモチベーションとして地方で働くケースも増えてきている。そのような人材を取り込むのは一案である。また，コロナを機に，一気にオンライン研修などの内容が充実してきている。既存社員のやる気に火をつけ，社員研修を充実させることで，DXの活用やSDGsを推進するような人材を育てることも以前よりは取り組みやすくなっていると言える。

　最後にその様な人材を引き付け，保持できるようになるには中小企業経営陣の変革に対する前向きなマインドが必要ではないか。世界に蔓延しているパンデミック，待ったなしの気候変動・SDGs達成への動き，加速度的に進む技術革新とイノベーション。外部要因としての変革を迫る動きは日に日にその勢いを増している。それをビジネスチャンスと捉え，攻めの姿勢で立ち向かえる日本の中小企業が増えることを願い，また，okicomもそうありたいと決意し本章を締めくくる。

参考文献————————————
チャールズ・A. オライリー（著），マイケル・L. タッシュマン（著），入山章栄（監訳・解説），渡部典子（翻訳）『両利きの経営』（2019年，東洋経済新報社）
Ideas for good　Circular Economy Hub　https://cehub.jp/
英エレンマッカーサー財団　https://ellenmacarthurfoundation.org/
経済産業省　循環経済ビジョン2020（2020年5月）

（小渡晋治）

第**13**章

中小企業のDX戦略とSX戦略

1 DX

（1）DXとは

　近年大企業では，デジタル・トランスフォーメーション(Digital Transformation「DX」)と呼ばれる，ビジネスモデルの変革やビジネスプロセス再構築への取組みが熱心におこなわれている。これは，デジタル技術の社会浸透により消費者の価値観や意識が変化し，これまでのビジネスのやり方では，市場から継続して支持を得たり，競合他社に対する競争優位を築いたりすることが難しくなっていることに起因している。その結果，デジタル技術は，有効な変革をもたらすツールとして不可欠な要素となっている。

　ところで，デジタル・トランスフォーメーションの本来の意味は，「ITの浸透が，人々の生活をあらゆる面でより良い方向に変化させる。」[1]というものである。近年それが盛んに企業活動やビジネスにおいて用いられるようになっ

た。換言すれば、「デジタル技術によって、人々の生活・ビジネスをより良いものに変革さえよう。」ということになるであろう。デジタル・トランスフォーメーションは通常「DX」と略されるが、これには理由がある。英語記載のTrans-formationの接頭語であるTransが、交差するという意味を有しており、それを簡略化して交わると言う現象を「X」として表すことになった。したがってデジタル・トランスフォーメーションの真の意味は、単純に社会や企業がデジタル化することに留まらずに、その「形状（あり方）を進化させる」という点が重要なのである。

　現代の社会や市場を見渡せば、既に写真、音楽、映像などのコンテンツがデジタル化されている。これに伴って、電話やカメラなどのハードウェアも技術的に進化し、自動車までもがデジタル化（電動化）しようとしている。この様にデジタル化のプロセスにおいては、コンテンツのデジタル化が起こり、これに呼応して、ハードウェアも多機能・高次化して利活用が容易になり、ユーザーは多大な恩恵を得ることができる。

　DXが頻繁に企業活動やビジネスに用いられるのは、企業が自社のビジネスプロセス（業務の流れ）をデジタル化させることで、単に業務効率のアップやコスト削減を目的とした「デジタイゼーション」を目指すのではなく、組織やビジネスを高次に革新させる「デジタライゼーション」を目指すことが求められているからであろう。

　これは大企業だけに言及されることではなく、中小企業においても同様である。それでは、具体的にどのように進めれば中小企業においても、デジタル・トランスフォーメーションは進展するのであろうか。いくつかのキーワードにより考えてみたい。

（2）中小企業のデジタル・フォーメーションはどこから取り組むか

　前掲したように、デジタル化による変革の波は概ねコンテンツのデジタル化から始まっている。これはビジネスの現場においても同様であろう。中小企業においてデジタル・トランスフォーメーションを進展させるためには、まずは企業内に存在するビジネスに係わる情報・データ（例：財務・会計データ、受発注データ、生産データ、人事情報、顧客情報など）のデジタル化に着手する

ことが必要である。多くの中小企業には未だ様々な紙ベース書類・資料が残存しているはずである。手始めにソフトウェアや制作したアプリを用いてこれらのデジタル化をおこない，ハードウェアが駆使されやすい環境を作ることが必要である。組織情報やデータがデジタル化されると，ビジネスコンテンツの蓄積・検索・分析が容易におこなえるようになり，データを重視する経営（データドリブン経営）を志向することができる。例えば，営業社員の日報内容をデジタル化することで，AIなどを活用することができるようになり，その内容を学習・分析して，好結果に繋げる営業手法の提案等がおこなえる。

更に，中小企業にてコンテンツをデジタル化する際の重要な点は，収集したコンテンツをソフトウェアの違いを超えて，共有・活用できるようにすることである。情報・データがソフトウェアごとに孤立してしまい連携・活用できない状態は，デジタル化したデータ等の価値を限定的にしてしまうことと同意になる。例えば，生産データと販売データを連携させ関係付けることによって，より精度が高い生産計画を立案することができ，これによって部材調達や輸配送のコスト削減に役立てることが可能になる。更には，業務データと財務会計データは，是非とも共有活用できるようにしたい。しかし中小企業では現実には，共有・活用が困難なケースが多く，この点が原因となり，ソフトウェア導入の際の選択肢が著しく狭められてしまっている。もう一つの留意点は，デジタル化が進んでいない受発注先企業や協力企業とのビジネス情報・データの伝達方法である。デジタル化されていない他社に，自社のデジタル化への協力を仰ぐためには，それらの企業に対しても何がしかのメリットがもたらされることを説明する必要がある。仮に，協力他社にメリットが与えられない場合は，Webベースの入力画面を敢えて設けて入力を促し，加えて入力後メールにてPDF化した帳票を印刷・送付するなどの余計な業務が当面必要になってくる。

（3）モノづくり現場のDX　全体最適と部分最適

モノづくり中小企業の人手不足は深刻である。社員の高齢化が進み，それを補うために期待された外国人技能研修生は，COVID-19の世界的な流行によって，多くが日本に入国できなくなってしまった。その人材難を解決する目的で，RPA（ロボティック・プロセス・オートメーション，Robotic Process Automation）

と呼ばれる，ルールエンジン[2]やAIなどの認知技術を用いて，人間が担ってきた業務をソフトウェアやソフトウェアを搭載したロボットに高次に自動化・代替化させる取り組みが散見できるようになった。コストや効率性を考えれば人間（作業者）を用いる方が遥かに有効だが，現実的にそれが難しいためやむを得ずロボットの力を借りることになる。RPAの代表的な機能は，パソコンによる事務業務やモノづくり現場の搬送作業など，人がおこなう作業手順を記憶させて実行させるものである。現在市場に普及してきたRPAは，UI（ユーザー・インターフェース）[3]を通してタッチ画面による制御操作がおこなえて，プログラミングができる人材がいない中小企業でも活用することが可能になるものである。以前から，中小企業のモノづくり現場における作業プロセスの自動化ニーズは高かったが，多くの企業で既に導入されている情報システムとの互換性確保や，抜本的な業務フローの見直しが必要となるため，導入ハードルが高くなっていた。一方で，RPAは導入に必要となる時間が短く，効果も比較的早く得られる点で中小企業に適したデジタル化の一策と見られている。しかしながら，RPAでおこなう作業プロセスを一度設定した場合，以降は決められた順でしか作業実施ができない弱点を持っている。換言すれば，現在モノづくり現場で活用しているシステム上で，現状の業務プロセス維持のために用いる，一時的な解決策と言えよう。これは長期視点では，企業の基盤情報システムの新規導入の際に適合せず，影響を受けるものである。つまりRPAはDXによって目指す，企業に全体最適をもたらすものではないとみなされるのであ

図表13-1 中小企業におけるモノづくり現場のデジタル化

出所）著者作成

る。言わば，「部分最適なデジタル化」であり，これには賛否両論がある。しかしながら，中小企業では部分最適なデジタル化も“あり”であると考えられる。それほど，未来にかけての人手不足は深刻であり，中小企業のモノづくり現場の崩壊を導きかねないレベルまでに至る可能性がある。人手不足が中小企業に危機的な状況になりつつある現実を見据え，全体最適か部分最適か，モノづくり現場の選択葛藤はこれからも続くであろう。

（4）小売・サービス業のDX　顧客像を具体化する

　小売流通の現場で初めに起こったDXは，キャッシュレス化である。換言すればデジタル技術による決済方式の多様化である。これまでキャッシュレスと言えば，クレジットカード活用であったが，スマホのアプリや交通カードを使った決済方式が浸透し始め，小売・流通業の現場の状況が大きく変化している。キャッシュレス決済は，入金の方式や決済のタイミングによって種別分類できるが，事業者にとってより重要なことは，利便性の提供よりも購買記録データを蓄積できる点にある。特に購入した（流通の場合輸配送をおこなった）顧客の属性を購買結果と紐づけることは貴重である。市場が拡大傾向にある時は，顧客像が明確でなくても製品やサービスの質が高ければ顧客を吸引できる。しかし，市場が縮小傾向にある中では，製品やサービアスが良質だからと言って顧客を獲得できる保証は必ずしもない。そこで，自社の製品やサービスを活用してくれる顧客がどのような属性を持つのかに着眼し，新規顧客の獲得に直結させるのである。具体的には，現在の顧客と同様の属性を有する顧客層が，新規顧客となる可能性が最も高いと認識することである。つまり，自社の製品やサービスを強く支持してくれる顧客像（年齢，家族構成，職業，居住地，収入，過去の購入歴等）を明確にすればするほど，未来における新規顧客獲得の可能性が高まるとの考えである。大企業は早々この仕組みを電子商取引Webサイトと連動させ，顧客情報を幅広く収集しており，幾つかの企業では人工知能（AI）を駆使して顧客分析を深くおこなっている。顧客属性と購買嗜好を関係させ，新たな製品やサービスの創造に繋げている企業も少なくない。キャッシュレス化により現金を持ち歩かず購買できる利便性が得られることは魅力的である。しかしそれ以上に顧客データの収集・分析によって，自社

の未来戦略策定が可能になることは，企業にとって極めて有益である。DXは他の経営資源より企業規模の差が出にくいと言われている。中小企業であっても，クラウドサービスを用いたキャッシュレス決済システムが導入しやすくなり，大企業と差が出ない顧客分析が可能になってくるのである。

（5）ハードウェアからソフトウェアへ価値シフト

DXで目指す事業の変革については，「製品価値」と「対価獲得手法」の2つの変革を用いて考えることができる。製品価値の変革では，ハードウェアからソフトウェアへの価値シフトを検討することが鍵になるであろう。ソフトウェアは5GやWi-Fiなどの無線通信によって，クラウド上にある高性能なサーバ（コンピュータ）にリアルタイムで繋がれ，ユーザーに高機能を提供できるようになっている。

また，事前に製品に組み込まれた限定制御機能を超える，新たな高次機能についても販売後にハードウェアにバージョンアップとして加えることができる。ユーザーは，これによってハードウェア自体を買い替えなくても，新たな活用体験（ユーザーエクスペリエンス[4]）を得ることができる。今後は，販売した製品であってもユーザーに対しソフトウェアによってどのような価値を継続して提供できるかを，製品企画・設計の段階から検討しておくことが必要であろう。これがDXによって新たに付加できる製品価値であり，顧客はメーカーからソフトウェアによって継続的に提供される新機能を体験できるエンゲージメント（契約）に対してお金を支払うことになる（図表13-2）。一方で，最終製品を製造していない中小企業や，ソフトウェアを製品に備えることが難しいアパレルなどの中小製造販売企業も数多く存在している。この場合は商品や部品に対して二次元バーコード等を用いて個体識別可能なデータ記録を行い，購入日や購入者等の固有のデジタル情報を登録しそれを紐づけて，ソフトウェアで管理することにより，これまでにない価値提供が可能になる。例えば，年月が経過した後，顧客に対して下取りや買い替えなどの通知を送ることが可能となり，このサービス自体が製品に対する付加価値になる。実はこれは，「対価獲得手法」の変革に繋がっている。販売時だけ対価を得る"売り切りビジネス"に限定されず，利用量や契約期間，附属備品の交換や保守サービスなどで

も対価を得ることが可能になるからである。この代表的なものがIoTビジネスであり，機器や製品にセンサーを取り付け，運転状況を遠隔で監視し，その情報をユーザーに届けることによって対価を得るビジネスの仕組みである。

　DXではこの２つの変革を目指したいが，日常の事業活動に追われる中小企業の業務環境では，簡単に進めることができない。昨年末，著者がコロナ禍中に実施した，中小製造業1,000社に対するDXに係るアンケート調査では，100社の中小企業から回答が得られたのだが，その中でデジタル化によって，製品販売後に顧客への運用支援をおこなうビジネスに実際に取り組んでいると回答した企業は極めて少なかった。DXでは，"モノ売りからコト売り"への変革を目指すのであるが，今後社内で試行錯誤をおこない，中小企業でも"コト売り"ができる手法やビジネスモデルを確立していく必要がある。

図表13-2　　ハードウエアとソフトウエアの分離と価値のシフト

・ハードウェアの性能向上と低価格化は加速する。		今後ハードウェアはプラットフォームとなり，ソフトウェアが価値の中心となる。

> ▶今後は，ほとんどの機能はソフトウェアでサービスとして提供され，アップデートによってバージョンアップができ，新しい機能がすぐに利用できるようになる。
> ▶ユーザーはソフトウェアによる付加価値「ユーザー・エクスペアリアンス」として，継続提供を得る権利を購入する。

出所）著者作成

（6）組織変革の鍵と地域連携

　DXをおこなうためには，社内にデジタルに強い人材を確保することが重要である。しかし，デジタルデータを駆使できる人材は，現在市場では取り合いになっており，中小企業での確保は難しい。一方，これらの人材を保有していれば，有効なビジネスデータの収集・蓄積・分析が実施でき，デジタル化への手順と実施内容を明確にしてくれる可能性が高い。更には，収集・蓄積して分析すべきデータについても，実際にDXに取り組む前に明確にでき，社内で議論がおこなえるであろう。IT化とは異なり，DXではデジタル化により得られた成果を日常の事業活動において，即時的に活かすことに力点が置かれている

ため，デジタルデータの加工や運用ができる自社社員の存在はアウトプットの質を大きく高める。しかし現状ではこれらの人材の確保が難しいため，可能性ある者を社内で選定して育成をする必要がある。幸い，データサイエンティスト育成講座等も選択可能な程度に充実してきており，中小企業では，これらの有償研修を積極的に活用したい。DXを有効に作用させるための組織変革においては，組織構造（ストラクチャ）の変革を実際におこなう前に，データを分析・駆使できる社内人材の確保の後，それらの者を核として，データドリブン経営を組織内に浸透させていくことが必要である。

　中小企業にとって現状のような環境下で，DXによる事業変革を自社だけで成し遂げることは，経済的・人的に容易ではない。中小企業では，部材供給，製造，輸配送，販売，サービスなどの各ビジネス機能のいずれかを，メイン事業としているケースが多く，デジタル化したビジネスデータを他社と共有する連携によって互いの企業が有していない機能を補完し合い，新たな価値提供の仕組みを作り上げることは有効と考えられる。また企業間連携を実施しなくても，専門企業に依頼して，ビジネスとして有償で欠損機能を補完することも可能である。

　事例であるが，既に中小企業の規模を超えて成長している企業で，東京都多摩市に所在する京西テクノス株式会社[5]がある。製造業に対する修理・メンテサービスを請け負うことを主たる業務として継続的に成長を遂げている。同社は製造業が集積する多摩地域において，企業間ネットワークを構築して，域内外製造企業に対する保守・サービス業務を展開している。この様な専門企業との連携によって，不足していたサービス機能を顧客に提供することができるようになる。この場合，売上げを自社で独占することはできないが，顧客が求める機能を提供できるようになり，顧客満足を与えて他社への乗り換えを未然に防ぐことが可能になる。

（7）むすび

　DX化で厄介な点は，経済的・人的欠如などを理由に経営者がDXへの取り組みを逡巡していると，その間に人手不足や高齢化は進み，デジタル技術も躊躇なく急進していくことである。社会や市場はこれにより，今まで以上に激し

く変化することが予想される。これらの変化が起こることを認識して，自社の
DXを加速させていくことが中小企業には強く望まれる。

2 SX

（1）SXとは

　2006年に国連から企業活動においても，ESG（環境 Environment，社会
Social，ガバナンス Governance）を重視すべきであるという考え方が発せられ
た。時を経て2016年に，SDGs（国連持続可能な開発目標）[6]が発表され，加え
てこの年にパリ協定[7]も発表され，世界の関心が一気に環境保全や，脱炭素エ
ネルギーに向かうようになった。この結果，投資家からの企業のESG活動に対
する関心が高まり，ESG関連投資額は増加して，2018年には約30.7兆ドル（約
3,300兆円）に達して，近年では世界の投資の約1/3までに至っている。ESG投
資の進展とともに，企業のESG情報は，投資家や金融機関にとって企業価値の
新たな評価指標になっている。このような状況変化の中で，「サステナビリ
ティ・トランスフォーメーション（SX）」は，2020年8月に，経済産業省が設
けた「サステナブルな企業価値創造に向けた対話の実質化検討会」の取組みに
おいて定義づけられた。今般，広く浸透し始めたSDGsは，企業の事業活動実
施において不可欠な取組内容とされるが，SXはこれにビジネスの成長を関係
させた考え方とされている。具体的には，企業活動において長期的な持続可能
性（サステナビリティ）を重視し，ESG（環境，社会，ガバナンス）を両立さ
せ，企業経営だけでなく，ステークフォルダー（企業の利害関係者）との対話
について変革させていくことまで包含している。近年企業活動において，経営
の持続と社会のサステナビリティ（持続可能性）実現の両立を図り，投資家と
の対話の在り方を変えるSXの実現は，強く求められるものになっている。企
業がSXを目指すためにまず必要となるものは，環境が激しく変化する中で，
それに対応して自己を変革させ適応させる「ダイナミック・ケイパビリティ[8]」
と呼ばれる，企業変革力であると言われている。この力を更に具体的に示すと，

①危機を「感知」する力，②保有する知識・技術を再編成して競争力を高める力，③競争力を継続可能にする力として表現できるであろう。これらの力を保有し，実際のビジネスで発揮する場合，デジタル技術が不可欠な存在となり，各企業においてDXが現在加速している。DXは単なるデジタル技術活用ではなく，データ志向による，顧客を中心とするビジネスへの進化であり，組織変革を含めた「トランスフォーメーション」と考えられるため，企業を持続可能な経営体への変革に導くことができるのである。

　企業が優れた製品価値を有していたり，有効なビジネスモデルを保有していても，今般のCOVIT-19の感染拡大のようなパンデミックが発生すると，企業存続そのものが危ぶまれる事態に陥る。そのため経営者には，自社事業が持続的におこなえるように，環境やエネルギー問題等に広く注意を払い，たとえば，重要な企業データの保存・バックアップ体制の強化などに対応することが求められるようになってきている。特に，企業データの活用や，危機に対応する柔軟な働き方の実現，多様なサプライチェーンの構築に対して，DXは大きく貢献するであろう。また近年，急激な気候変動やCOVID-19などの感染症の拡大等，地政学的なリスクが増大し，企業経営において不確実性が更に高まっており，中小企業においてもサステナビリティが求められる時代が来ていると言える。しかし，積極的にサステナビリティに取り組んでいる企業を探すとなれば，やはり巨大なサプライチェーンを持つ大企業に眼が行ってしまう。一方多くの中小企業は，所在する地域のコミュニティに貢献する重要な組織経営体であるにも関わらず，財務諸表や事業内容の開示規制の縛りがほとんどなく，投資家による厳しい監視もないため，彼らの事業活動が地域にとって経済的に深い意義を持ち，模範的な企業市民であるとの自社宣伝活動をおこなう積極性は希薄である。また，持続可能性や社会貢献のための活動は，競合他社との競争，顧客満足の獲得といった短期的な経済活動を支援し，経営課題をすぐに解決することに繋がらず，その結果中小企業の経営者がSX活動に重きを置くことは軽視される傾向にある。しかしながら，限られた数ではあるが，優れた透明性，コンプライアンスを有して競合他社に対して競争力を得ている中小企業が存在しないわけではない。

　これまで持続可能性と疎遠であった中小企業でも，それを手にすることによ

り，顧客や取引企業から信頼を得て，従業員からロイヤルティを得ることが可能になることを認識する必要がある。また，発注者である大企業は，今後積極的な情報公開や正しい調達を中小サプライヤーに要請すると思われ，SXにより大企業にとって望ましいビジネスパートナーになれる可能性が高まることが考えられる。

（2）中小企業でSXを実現するために必要なこと

それでは，大企業と比較し経営資源に劣る中小企業がどのようにしてSXを目指せば良いのであろうか。SX実現に係わる重要な4つの目標を確認する。

①　中長期的に収益を得ることが可能となる事業ポートフォリオの確立を目指す

これはSXにおいて，最も優先させることである。安定した企業経営を実現するには，まず自社事業のポートフォリオを検討し，それぞれの事業における収益性や成長性のバランスを整えることが必要になる。更には新たな技術，新たな事業に投資をおこない育成して，イノベーションを図ることが重要である。これは，社会や市場の急速な変化により，現在の主力事業が収益を上げられなくなるという状況に備える目的がある。新たな技術，新たな事業に参入するには当然資金は必要であり，そのためには現状の主力ビジネスが堅調であるタイミングに実行することが望ましい。主力ビジネスが立ち行かなくなった時に，新規のビジネスに移行しても時すでにおそしである。そのため新規技術，ビジネスへの投資・参入は経営者が常に考えておく必要があることである。

②　将来に起こりうるリスク・機会を認識する

COVID-19のような世界的なパンデミック，それらによるサプライチェーンの分断，地政学的な気候変動など，コントロールが効かない各種のリスクが今後も継続して起きる可能性は高い。その環境下で企業の持続性を維持するためには，平素から自社のビジネスの成長性を把握し，経営に反映させていくことが必要である。具体的には，製品やサービスなど，自社の価値を顧客に届ける方法を複数検討しておく。また，流通チャネルを増やし，顧客やエンドユー

ザーと直接対話できる仕組みを検討しておくなどの備えが必要である。事業においてサプライチェーンの分断は，事業の持続性を著しく損なうものであり，自然災害やパンデミックを想定した，いくつかの選択肢を用意しておきたい。例えば，倉庫を1か所に集約することは合理的でありコスト削減に繋がるが，一方で，不測の事態が起きれば逆にリスクになる。これは物理的な製品だけではなく，企業経営にとって重要なデータや情報にも言及できる。また，テレワークにより人員を物理的に分散させたり，特定の業務先導者が指揮不可能となった場合に備え，代替事業者を事前に設けておくことも必要であろう。これらの他にも，事業存続に影響を与える経営資源は社内にはいくつもあるため，各社においてそれらを事前に洗い出し，事業の持続可能性を高める準備をしておくことが求められる。

③　中長期的な持続性を実現できるシナリオを社内で準備する

　①や②に係る具体策の検討とともに，3年から5年程度をタイムスパンとする持続可能性を高めるための近未来のシナリオを社内で検討しておくことは有効である。例えば，経営継続のための後継者準備や，新規事業分野に参入するための専門人材の確保などの中長期的な課題がこれに含まれてくる。これらはすぐに準備することはできないため，どのような目標をいつ，どのタイミングで実施するのかといった自社の成長シナリオを策定しておかなければならない。勿論，企業を取り巻く環境は常に変化し，当初の予想通りに運ばないケースも多々起こるが，少なくとも海図なしでは長い航海はできず，大嵐が来た際の退避方法を出航前に考えて検討しておくことが必要と言える。この場合，②でも挙げた急激な外部環境（市場や経営緩急，技術の進展など）の変化を予見すると同時に，自社内部でどのような変化が起こるのかを予知することが重要である。具体的には，経営者や経営幹部の退陣，社員の離脱，情報システムの老朽化，製造設備や販売店舗の余儀ない移動，またサプライヤー企業の廃業や倒産も起こりうる内部環境である。どのリスクがいつのタイミングで高くなるか，経営者はそれを推し量っておく必要がある。

④　自社のステークホルダーと共通認識を持つ

　これまで中小企業では，経営者が強いリーダーシップを示し，独自の考えで会社の向かうべき道を決定してきたケースが主であったと考えられる。良い意味でもそうでない場合でも，経営者の個性が企業経営に如実に表れるのが中小企業である。しかしSXを考える場合，事業や組織をどのように継続可能にするかは，中小企業であっても，経営者個人の考えのみが反映されるようでは十分な事業体であるとは言えない。例え非上場や同族経営の中小企業であっても，企業を支えるステークホルダーの考えが反映されるべきである。もしかしたら，中小企業において組織における意思決定の仕組みを再考察してもらうことが，SXへのスタートであるかも知れない。

　部品や資材を発注する取引先企業や雇用している従業員は，立場的には企業から見れば弱者に見えるが，事業継続を根底で支える不可欠で重要な存在である。また，事業資金を金融機関から借りている場合は，それらの担当者の意見にも耳を傾ける必要があるであろう。加えて，所在する地域の公共機関は必要不可欠な支援者であり，近隣住民は間接的に支援してくれるステークホルダーとも言える存在である。中小企業におけるSXは，経営者やその家族のための組織から，社会的意義ある組織への変革を促す活動であると言える。

（3）SXを阻害する要因

　前項の4つの目標を達成することにより，中小企業においてもSXが進展すると考えられるが，一方で，中小企業においてSX進展を阻害する要因もいくつか存在する。それらを事前に認識しておくことも，SXにとってはとても重要である。

①　相反する，ポートフォリオ経営と経営資源の選択と集中

　中小企業が今後の市場や環境の急変によって，現在の主力事業からこれまで通りの収益を得られなくなることを想定し，新規事業に参入したり，小規模な別事業に経営資源を投入して育成したりすることに対しては，主力事業への選択と集中を阻害するという理由で，金融機関や他ステークホルダーから賛同が得られない場合が多々ある。乏しい経営資源を複数の事業に分散させてしまう

ことにより，現在の主力事業の急速な弱体化が懸念されるためである。とりわけ，新規ビジネス参入の際は，多くの経営資源と時間を必要とするため，経営者自身も参入決定に対し躊躇してしまう。持続可能性を高めるポートフォリオ経営と経営資源の選択と集中はこのように相反するものであり，両立を図ることが非常に難しい。

② 経済価値の追求と社会的価値の追求の両立の難しさ

例えば，温暖化防止のために化石燃料の利用を避けて，再生可能エネルギーを活用するなどの環境投資を実行することは，SDGs活動に熱心であるとして一部から評価を受けるが，一方で短期的には経費増加に繋がり，会社の経済的利益に結びつかない場合が多い。仮に，将来的な炭素税の導入などを見越して，長期的なリスクマネジメントとして実施していても，足下の利益に結びつくものではないとして，正しく評価を受けられないケースがある。企業にとって社会的価値を求めていくことは，短期的には経済的価値の喪失に繋がることを，中小企業の経営者やステークホルダーは事前に認識しておく必要がある。

（4）むすび

SXは，SDGs（Sustainable Development Goals「持続可能な開発目標」の意）と強く結びついている。自社が持続可能な事業体に変化していくことは同時に，SDGsに掲げられている2030年までに成すべき17の目標と169のターゲットの実現に貢献することに繋がる。

今後は企業規模に関係なく，自社の事業発展が社会の発展に結び付いていく，そのような経営理念を有することが経営者に求められることを理解していく必要がある。

3　DX化SX化事例中小企業紹介

（1）事例中小企業の概要

```
会　社　名：ビックケミー・ジャパン株式会社
所　　　在：〒162-0845 東京都新宿区市谷本村町
従 業 員 数：51～75人
資　本　金：5,000万円
主な取扱品：湿潤分散剤，表面調整剤，レオロジー添加剤，消泡剤および脱泡剤，密着
　　　　　　性付与剤及びカップリング剤，プロセス添加剤，減粘剤，ワックス添加剤
売　上　額：76～99億円
```

（2）デジタル化の内容と効用

　同社の顧客は法人であり，その情報は全てデータベースに登録されており，顧客から受注があればリアルタイムにその内容が入力され，商品を保管するために契約している千葉に所在する外部企業の物流センターにすぐさま出荷情報が送られることになっている。また，商品を海外から仕入れるため，卸価格は変動するため，販売価格も商品データに紐付られ連動して，自動的にリアルタイムで反映される仕組みになっている。このように，商品仕入れから販売・出荷まで全ての行程がコンピュータシステムによって繋がっており，社員はこれらを駆使して，自宅から業務を実施することができるようになっている。同社は，今般のCOVID-19 の流行に対応して本情報システムを導入したわけではなく，以前から業務効率を上げる目的で〝デジタル化〟を進めてきた。これによって業務スピードが上がったと同時に，属人化されてきた業務データが共有されるようになり，業務の平準化が実現できるようになった。また，情報システムを導入することにより，顧客データベースが整ってきたことは有益であるが，業務のスピードアップとデータの共有がおこなえるようになったことが，デジタル化から得られた当初の産物であるととらえている。

　その他のデジタル化の効用として，同社の国際的なサプライチェーンが強化できたことを挙げている。同社の工場や主な調達先は日本国内にはなく，他国

に所在しているため，原料の受入・検査→製造→製品の品質基準検査→容器に入れ製品化→情報システムに出荷情報を入力・出荷に至る一連の流れは，全て情報システムよりデジタル処理される。工場には，全世界の受発注データが集約されるが，現状それを個別に取り出して分析はおこなっていない。顧客データは重要だが，十分な分析をおこなわなければ未来へのヒントは得られない。そこには現状手を出せておらず，メリットとするためには，もう少し時間がかかるとみている。

（3）SXに向けて

　同社では，COVID-19 が流行して以降，ほぼ完全なテレワークが実施できている。それ以前に業務のデジタル化を進展させ，ほぼ完了できた結果，業務形態の急な変化を強いられても，社内外に混乱を起こすことはなかったと言う。取引先や契約物流倉庫とは，データのやり取りにてビジネスを実施する方式に変えていたので，緊急事態宣言となっても最低限の滞りで，最悪の事態を免れることができたのである。このように，それ以前とほぼ変わらず事業継続ができたことはDXの効用であり，中小企業においてもDXがSX経営に繋がることを証明できた事例と言えよう。同社ではこれ以外にも，育児をしなければならない社員にとって働きやすい職場環境を提供できていることも，デジタル化による効果とらえている。通勤して仕事をおこなっていた時よりも，社員の仕事のスピードは速くなり，働くことに対する動機はむしろ高まっていると言う。よりよく働くことができる環境の提供が，社員のやる気を引き出していると言って良い。更には，国際間物流における，新たな調達先やルート開発も可能になっていることは，事業継続にとって重要な要素である。パンデミックが今後も継続して起きる可能性があり，同社のような国際間の物流を必要とする企業にとっては，サプライチェーンは事業継続の生命線であり，DXによってそれが多様に拡張できていることは，同社の競争力を高める結果に繋がっていると言える。

注————————

1　E Stolterman,（2004）Information Technology and the Good Life, A Fors Information Systems Research, 687-692
2　業務知識をルールベースとして蓄積することで，高度な意思決定の自動化を実現するシステムである。
3　ユーザーとコンピュータとが情報をやり取りする際に接する機器やソフトウェアの操作画面や操作方法を指す。ハードウェアではキーボードやマウス，ディスプレイなどがこれにあたり，ソフトウェアでは画面上のメニューやアイコン，ウィンドウソフトウェア方法のこと。
4　ユーザーが，ひとつの製品・サービスを通じて得られる体験を意味している。このユーザーの体験を改善すること.
5　https://www.kyosaitec.co.jp/（2022/01/10）
6　2015年9月の国連サミットで加盟国の全会一致で採択された「持続可能な開発のための2030アジェンダ」に記載された，2030年までに持続可能でよりよい世界を目指す国際目標を指す。17の目標・169のターゲットから構成され，地球上の「誰一人取り残さない（leave no one behind）」ことを誓っている。
7　国際社会全体で温暖化対策を進めていくための礎となる条約で，世界の平均気温上昇を産業革命前と比較して，2℃より充分低く抑え，1.5℃に抑える努力を追求することを目的としている。
8　カリフォルニア大学バークレー校のデイヴィッド・J・ティース氏によって提唱された戦略経営論で，「環境や状況が激しく変化する中で，企業がその変化に対応して自己を変革する能力」と説明される。

（坂田淳一）

経営者とSDGs③　バックキャスティングで挑むSDGs

　SDGsに取り組むということは，SDGsの17の目標と169のターゲットを読み込み，世界の現状を知り，そのうえで日本とそれぞれの地域の現状を相対的に掴み理解したうえで，2030年にむけた経営や事業のビジョンを明確に描くことが前提となる。そして，そこからバックキャスティングで経営計画，事業計画をたて，行動目標と数値目標を掲げ，達成度や進捗状況を図り，修正していく。このプロセスに対して，効率的効果的に経営資源を投入することが，最近よく言われるようになったSDGs経営でありサステナビリティ戦略というものであろう。

　わが社は毎期年が明けると，自分なりに多方面から経営計画，経営戦略に相応しいと思われる情報を収集し，自分なりに環境分析を行ったうえで，会社全体で改めて環境分析を行う。経営者である私の視点だけでなく，様々な年齢層がどのような情報に触れ，どのように解釈しているのかは，非常に重要な情報であり，判断材料になる。ただ闇雲に情報を寄せ集めたところで意味がなく，情報の分類や質と精度の検証などのプロセスが必要である。わが社では，一般的に多くの企業で長く活用されている，PEST分析，3C分析，4P分析，ファイブフォース分析，クロスSWOT分析，PPM分析などの汎用的なフレームワークを活用しながら，会社全体，事業部別の環境分析を行っている。ここにはかなり時間を割くようにしている。

　この環境分析では，社員が日常何に触れているか，どのような行動をしているか，どのような価値観を持ち合わせているか，また何に興味関心をもっているかが見えてくる。情報の良し悪しでなく，多くのアンテナがあったほうが，取りこぼすであろう重要な情報を掬い上げることができ，これが情報の質と精度の向上に役立つ。また，完全に正しい情報というものはそれほど多くなく，日々動く経営環境下では，また情報発信者の意図が完全に読み込めない現実においては，感覚的に7〜8割程度正しいだろうという段階でとどめることにしている。それらの情報を戦略立案の材料にしている。この段階で，企業，事業部の現在地や現状が把握できる。かりに環境分析によって得られた情報に明らかな間違いがあった場合は，速やかに修正をかければよいと思う。

　そして，組織運営において欠かすことのできないのは，評価である。社員が最

も関心を持っていることの一つであり，どれだけ公正な評価基準と評価体系を構築するかも重要な経営課題である。例えば，SDGsに経営として取り組む方針を示す場合，企業理念やビジョン，そして経営方針に言葉として表現すると同時に，具体的な行動計画と目標を設けるべきで，当然社員がこの計画と目標に沿って行動することを求める。通常の評価は，売上や利益など，誰が見ても納得する目標を達成することが評価軸になっていることが現実だろう。また，どの企業においても，社員にとっては，SDGsに取り組むことがどのように業績として反映するのか，SDGsに取り組むことがどのように評価されるのか，懐疑的であると感じている。経営としてSDGsに取り組むという方針に忠実に沿って活動したにも関わらず，業績があがらず評価されないとすれば，また，SDGsに関心のない社員が業績をあげて評価されたとすれば，だれも経営方針に沿った行動はとらなくなる。そもそもSDGsという概念が存在しなかった企業風土においては，既存事業にいかに統合していくか，あるいは新規事業として取り組んでいくか，具体的な戦略を描き，かつ社員が納得する行動計画と数値目標を示すこと，そして経営トップの評価軸を明らかにすることが重要である。加えて，SDGsに取り組むことが，企業の発展とともに社員の物心両面の幸福と豊かさを実現するという，自信をもった姿勢と態度が必要なのである。

（安並　潤）

むすび

　日本中がSDGsブームに沸く中で，「SDGs」の本質は何なのか，企業にとってSDGsはどう対峙していくべきものなのかといった疑問を携えて，本書の執筆はスタートした。とりわけ，資金面でもマンパワーの面でも，SDGsの取組みが難しいという声が聞かれる中小企業が，なぜSDGsに取り組むのか，あるいは，どう取り組めばよいのかという問いを明らかにすることが本書の目的であった。

　中小企業が，なぜSDGsに取り組むのかといった１つ目の疑問については，第１部でその答えを明らかにすることができた。第１部では，「SDGsの取組みが求められる背景」として，３つの視点からの考察が行われている。そこで明らかになったことは，①SDGsが求めるものは，社会の「変革」であること，②SDGsに取り組む上で，中小企業が「地域企業」であるという視点が欠かせないこと，③企業価値の変化に伴いステークホルダーをより意識した経営が求められることの３点である。①に関しては，第１章で示したとおり，SDGsの中核には「変革（Transforming our world）」と「誰一人取り残さない（No one will be left behind）」という概念が横たわっている。企業がこれまでの理念や慣習を根本から変えたり，これまで全く視野になかったSDGsの目標１つ１つに着目して経営を見直したりすることは決して容易なことではない。とりわけ，資金繰りに苦慮していたり，事業承継に頭を悩ませたりしている中小企業の経営者にとっては，SDGsを理解することや，それに伴い変革を受け入れるということは，大企業以上に困難なことであることが推察される。それを克服する鍵の１つが，第２章に書かれている「地域企業」として中小企業の役割を見直すということである。地域社会のために何ができるのか，そして地域経済のために何ができるのかといった視点で経営活動を行っていくことが，SDGsを実践していくことにつながる。地域の希薄化や地域衰退を招くような大企業中心の利益の最大化や株主価値経営を主流とする考えは，もはや崩壊しているといったことは第３章でも主張されている。また，第３章では，「SDGs遂行のための構図」として，第１段階として，トップがまず社内でSDGsに取

り組むことを決断し，第2段階として議論を重ねながら，企業内の合意を得ること，そして第3段階として他の団体（NPO，大学など）との連携をはかり，そして最後に第4段階としてSDGsを実践し，PDCAサイクルに見られるような振り返りを行うことを推奨している。この実践から，軋轢といったものが生まれる可能性もあるが，その一方で，従業員が各目標達成のために取り組む過程で，喜びや自社に対する誇りが産まれることを示唆している。

　実践の具体例が，第2部，第3部で取り上げられているが，そこでは，本書のもう1つの目的である，中小企業がSDGsにどう取り組めばよいのかという答えを示しているとも言えよう。事例では，様々な業種が取り上げられているが，取組みの形態も，地域課題解決を目指すもの，コンサルティング業務を活用した取組み，DXやサーキュラーエコノミーを用いた先進的なものなど，多岐に渡っている。また，企業自らが実践したり，他社のSDGsの活動を支援したり，協働によって推進しているものなど三者三様である。SDGsの取組みに正解はない。SDGsの浸透と共に「多様性（ダイバシティ）」という言葉を耳にするようになったが，中小企業のSDGsへの取組みも，まさに多様性に富んでいる。そして，その多様性の中には，共通点も見出される。それは，先ほど述べた第3章の「SDGs遂行のための構図」にもあったように，SDGsに取り組んでいる企業や，そこで働く従業員の方々が生き生きと会社に誇りを持って働いているという点である。

　最後に，依然としてSDGsに一歩踏み込めない中小企業があるとしたら，本書における事例や提案の随所にあるように，他企業や他組織との提携や協働を積極的に活用することである。SDGsは2030年までという期限付きの目標ではあるものの，掲げられた17の目標は一過性のものではない。中小企業自身の持続可能性を実現するための「変革」を望むものであることを結びの言葉としたい。

　2022年5月

　　　　　　　　　　　　　　　　　　　　　　野村　佐智代

[執筆者紹介]（執筆順）

野村佐智代（のむら　さちよ）　　　　　　　　　　第1章，第8章
　　　編者紹介参照

林　　幸治（はやし　こうじ）　　　　　　　　　　第2章，第10章
　　　大阪商業大学総合経営学部 教授

坂本　恒夫（さかもと　つねお）　　　　　　　　　第3章，第4章
　　　明治大学 名誉教授，桜美林大学 特別招聘教授，福島学院大学 特任教授

徐　　玉琴（じょ　ぎょくきん）　　　　　　　　　　第5章
　　　明治大学経営学部 助教

鳥居　陽介（とりい　ようすけ）　　　　　　　　　第6章
　　　明治大学経営学部 専任講師

古山　　徹（ふるやま　とおる）　　　　　　　　　第7章
　　　嘉悦大学経営経済学部 准教授

中西　正行（なかにし　まさゆき）　　　　　　　　第9章
　　　肥銀キャピタル株式会社

安並　　潤（やすなみ　じゅん）　　　　　　　　第11章，コラム①②③
　　　井関産業株式会社 代表取締役社長

小渡　晋治（おど　しんじ）　　　　　　　　　　　第12章
　　　株式会社okicom 常務取締役，株式会社BAGASSE UPCYCLE 代表取締役 CEO

坂田　淳一（さかた　じゅんいち）　　　　　　　　第13章
　　　桜美林大学ビジネスマネジメント学群 教授

［編者紹介］

野村佐智代（のむら　さちよ）

創価大学経営学部准教授，博士（経営学），環境経営学会理事，証券経済学会幹事。
主要著書：『テキスト財務管理論〈第6版〉』（共著，中央経済社，2022年）
　　　　　『現代環境経営要論』（編著，創成社，2021年）
　　　　　『CSR経営要論（改訂版）』（共著，創成社，2019年）

日本中小企業・ベンチャー ビジネスコンソーシアム

中小企業の経営革新やベンチャービジネスの成長支援のため，会員相互の情報交換を促進する活動を行っている。

中小企業のSDGs──求められる変化と取組みの実例

2022年6月25日　第1版第1刷発行

編　者　野　村　佐　智　代
　　　　日 本 中 小 企 業・
　　　　ベンチャー ビジネス
　　　　コ ン ソ ー シ ア ム
発行者　山　　本　　　　　継
発行所　㈱ 中 央 経 済 社
発売元　㈱中央経済グループ
　　　　パ ブ リ ッ シ ン グ

〒101-0051　東京都千代田区神田神保町1-31-2
電話　03（3293）3371（編集代表）
　　　03（3293）3381（営業代表）
https://www.chuokeizai.co.jp
印刷／㈱堀内印刷所
製本／㈲井上製本所

© 2022
Printed in Japan

企業財務と証券市場の研究

坂本恒夫・鳥居陽介[編著]

A5判・282 頁

中小企業のアジア展開

坂本恒夫・境　睦・林　幸治・鳥居陽介[編著]

A5判・308 頁

テキスト財務管理論 ＜第6版＞

鳥居陽介[編]
現代財務管理論研究会[著]

A5判・292 頁

起業家精神と多国籍企業の歴史

ジェフリー・ジョーンズ著
坂本恒夫／鳥居陽介／正田　繁監訳

A5判・264 頁

中央経済社